CONTENTS

INTRODUÇÃO ÀS CRIPTOMOEDAS E ANÁLISE FUNDAMENTALISTA

N este capítulo introdutório, vamos explorar o fascinante mundo das criptomoedas e como a análise fundamentalista pode ser aplicada a esse mercado emergente e volátil. Vamos começar entendendo o que são as criptomoedas e como elas revolucionaram o conceito de dinheiro e transações financeiras.

As criptomoedas, como o Bitcoin, Ethereum e tantas outras, são moedas digitais baseadas em tecnologia criptográfica. Elas operam em uma rede descentralizada chamada blockchain, que registra todas as transações de forma transparente e imutável. O surgimento do Bitcoin em 2009, com a publicação do famoso whitepaper de Satoshi Nakamoto, marcou o início dessa nova era financeira.

Ao contrário das moedas fiduciárias tradicionais, como o dólar ou o euro, as criptomoedas não são controladas por um governo ou instituição centralizada. Elas são impulsionadas pela confiança matemática e pelos participantes da rede. Esse aspecto descentralizado confere a elas características únicas, como segurança, privacidade e a capacidade de realizar transações globais de forma rápida e acessível.

No entanto, a volatilidade é uma marca registrada das criptomoedas. Seus valores podem oscilar significativamente em curtos períodos de tempo. É aqui que entra a análise fundamentalista. Ao contrário da análise técnica, que se concentra nos padrões de gráficos e tendências de preços passados, a análise fundamentalista busca avaliar o valor intrínseco das criptomoedas com base em fatores econômicos, tecnológicos e fundamentais.

A análise fundamentalista considera uma ampla gama de informações para determinar o potencial de crescimento e o valor de uma criptomoeda. Alguns dos principais aspectos abordados na análise fundamentalista incluem:

1. Equipe e Fundadores: A análise avalia a competência e a experiência da equipe por trás da criptomoeda. Isso inclui seus antecedentes, realizações anteriores e a visão de longo prazo para o projeto.

2. Tecnologia e Inovação: Examina-se a tecnologia subjacente da criptomoeda, seu protocolo de consenso e recursos exclusivos. Além disso, considera-se o nível de inovação e a capacidade de resolver problemas do setor.

3. Adoção e Uso Prático: Avalia-se a adoção da criptomoeda por empresas, governos e usuários comuns. Quanto maior o uso prático e a integração em diferentes setores, maior o potencial de valorização.

4. Mercado e Concorrência: Analisa-se o contexto de mercado da criptomoeda, incluindo sua capitalização de mercado,

volume de negociação e concorrência com outras moedas similares. Compreender o posicionamento relativo no mercado é fundamental para avaliar seu potencial de crescimento.

5. Regulação e Segurança: Considera-se o impacto das regulamentações governamentais e a segurança da rede da criptomoeda. Regulações favoráveis podem impulsionar a adoção, enquanto problemas de segurança podem afetar negativamente sua confiança e valor.

6. Eventos e Notícias: A análise fundamentalista acompanha eventos e notícias relevantes para a criptomoeda, como atualizações de software, parcerias estratégicas ou mudanças de liderança. Esses eventos podem ter um impacto significativo no valor e na percepção do mercado.

Ao utilizar a análise fundamentalista, os investidores podem tomar decisões embasadas sobre quais criptomoedas investir e quando comprar ou vender. É importante ressaltar que a análise fundamentalista não é uma fórmula mágica para prever o futuro, mas uma ferramenta para avaliar o potencial de longo prazo de uma criptomoeda.

Neste livro, exploraremos em detalhes cada um desses aspectos da análise fundamentalista de criptomoedas. Você aprenderá a realizar pesquisas, interpretar dados e aplicar esses princípios para tomar decisões informadas e estratégicas.

No próximo capítulo, mergulharemos na história das criptomoedas e examinaremos seu impacto atual no cenário financeiro global. Prepare-se para uma jornada emocionante e desafiadora pela análise fundamentalista de criptomoedas.

VICTOR VANDERSAN

A HISTÓRIA DAS CRIPTOMOEDAS E SEU IMPACTO ATUAL

Neste capítulo, vamos explorar a fascinante história das criptomoedas e como elas têm impactado o cenário financeiro atual. Desde o surgimento do Bitcoin, em 2009, até as criptomoedas mais recentes, como Ethereum, Ripple e Litecoin, veremos como essa tecnologia revolucionou a forma como lidamos com o dinheiro e as transações financeiras.

A história das criptomoedas remonta a várias décadas, mas foi em 2009 que ocorreu um marco importante com o lançamento do Bitcoin por uma pessoa (ou grupo) conhecida como Satoshi Nakamoto. O Bitcoin, a primeira criptomoeda descentralizada, foi apresentado em um whitepaper intitulado "Bitcoin: A Peer-to-Peer Electronic Cash System". Esse documento descrevia um sistema que permitia transações diretas entre pessoas, sem a necessidade de intermediários, como bancos ou governos.

A ideia central por trás do Bitcoin era criar uma moeda digital segura, transparente e imutável, baseada em criptografia e em uma rede descentralizada chamada blockchain. O blockchain é um registro público de todas as transações de Bitcoin, que é mantido e atualizado por uma rede de computadores conhecidos como mineradores. Essa tecnologia revolucionária trouxe consigo muitos benefícios, como transações rápidas, baixas taxas e a capacidade de enviar dinheiro para qualquer parte do mundo sem restrições.

A partir do surgimento do Bitcoin, outras criptomoedas começaram a surgir, cada uma com suas características e propósitos únicos. Ethereum, por exemplo, foi lançado em 2015 por Vitalik Buterin e trouxe consigo a capacidade de criar contratos inteligentes, permitindo a execução de acordos e transações autônomas sem a necessidade de intermediários. Essa funcionalidade abriu caminho para o desenvolvimento de aplicativos descentralizados (dApps) e impulsionou a explosão do mercado de Initial Coin Offerings (ICOs), onde projetos levantaram milhões de dólares através da emissão de tokens.

Além disso, outras criptomoedas ganharam destaque, como Ripple (XRP), Litecoin (LTC), Bitcoin Cash (BCH) e muitas outras. Cada uma delas apresenta diferentes características e objetivos, mas todas compartilham a base tecnológica do blockchain e a ideia de descentralização.

O impacto das criptomoedas no cenário financeiro atual tem sido significativo. Elas desafiaram o monopólio dos sistemas financeiros tradicionais e trouxeram a promessa de inclusão financeira global. Em países com economias instáveis ou com acesso limitado a serviços bancários, as criptomoedas têm proporcionado uma alternativa viável para realizar transações e preservar a riqueza.

Além disso, as criptomoedas têm despertado interesse em investidores e especuladores de todo o mundo. A volatilidade desses ativos pode oferecer oportunidades de lucro significativas, mas também apresenta riscos consideráveis. A valorização exponencial do Bitcoin, por exemplo, fez com que muitos investidores obtivessem retornos impressionantes, mas também houve períodos de quedas acentuadas.

As criptomoedas também têm desafiado os governos e as instituições financeiras, que estão tentando entender e regular esse novo mercado. A regulação das criptomoedas varia significativamente de país para país, desde uma proibição total até uma abordagem mais favorável e de incentivo à inovação. Ainda há muitos debates e discussões em andamento sobre como as criptomoedas devem ser tratadas e integradas aos sistemas financeiros existentes.

Além disso, as criptomoedas têm impulsionado o desenvolvimento de tecnologias relacionadas, como carteiras digitais, exchanges e serviços de custódia. Empresas tradicionais e startups estão explorando maneiras de se envolver nesse ecossistema em rápida evolução, reconhecendo seu potencial disruptivo.

No entanto, é importante destacar que, apesar de seu potencial, as criptomoedas ainda enfrentam desafios significativos. Questões de escalabilidade, adoção em massa, segurança e privacidade são apenas alguns dos desafios que precisam ser enfrentados para que essas tecnologias atinjam seu pleno potencial.

Neste livro, iremos explorar mais a fundo esses aspectos e entender como a análise fundamentalista pode nos ajudar a avaliar o potencial das criptomoedas, considerando sua história, tecnologia, adoção, regulamentação e outros fatores relevantes.

No próximo capítulo, mergulharemos nos princípios da análise fundamentalista para criptomoedas, fornecendo as bases necessárias para que você possa avaliar e tomar decisões informadas nesse mercado emocionante e dinâmico.

PRINCÍPIOS
DA ANÁLISE
FUNDAMENTALISTA
PARA CRIPTOMOEDAS

A análise fundamentalista é uma abordagem valiosa para avaliar o valor intrínseco das criptomoedas. Neste capítulo, exploraremos os princípios fundamentais que compõem essa metodologia e como eles podem ser aplicados ao mercado de criptomoedas.

Ao contrário da análise técnica, que se concentra em padrões de gráficos e tendências de preços passados, a análise fundamentalista busca compreender os fatores econômicos, tecnológicos e fundamentais que influenciam o valor de uma criptomoeda. Essa abordagem baseia-se na premissa de que o valor de uma criptomoeda está ligado à sua utilidade, adoção, equipe, tecnologia subjacente e outros fatores relevantes.

Um dos primeiros princípios da análise fundamentalista é avaliar a equipe por trás da criptomoeda. A competência e a experiência da equipe são fundamentais para o sucesso de qualquer projeto de criptomoeda. É importante analisar os antecedentes da equipe, suas realizações anteriores e sua visão de longo prazo para o projeto. Uma equipe sólida e comprometida pode indicar um maior potencial de desenvolvimento e crescimento da criptomoeda.

Outro aspecto crucial é entender a tecnologia subjacente da criptomoeda. O protocolo de consenso, a escalabilidade, a segurança e os recursos exclusivos são alguns dos elementos a serem considerados. A capacidade da criptomoeda de resolver problemas do setor e oferecer inovação também é um fator importante a ser avaliado. Uma tecnologia sólida e inovadora pode impulsionar a adoção e o interesse dos usuários.

Além disso, é essencial analisar a adoção e o uso prático da criptomoeda. Quanto mais empresas, governos e usuários comuns a utilizarem, maior será o potencial de valorização. A integração em diferentes setores e casos de uso diversificados também pode indicar um maior potencial de crescimento. Observar se a criptomoeda possui parcerias estratégicas e integrações com empresas estabelecidas também é relevante, pois isso pode fornecer uma base sólida para a expansão e a adoção da moeda.

O contexto de mercado e a concorrência são outros aspectos a serem considerados. A capitalização de mercado, o volume de negociação e a concorrência com outras criptomoedas semelhantes devem ser analisados. Compreender o posicionamento relativo no mercado é fundamental para avaliar o potencial de crescimento e a capacidade da criptomoeda de se destacar em meio à concorrência.

A regulamentação governamental também tem um impacto significativo nas criptomoedas. É importante acompanhar as regulamentações em diferentes países e entender como elas podem afetar a adoção e a percepção do mercado em relação a uma determinada criptomoeda. Regulações favoráveis podem impulsionar a adoção e a confiança, enquanto regulamentações restritivas podem apresentar desafios e restrições ao seu crescimento.

A análise fundamentalista também deve considerar eventos e notícias relevantes. Atualizações de software, parcerias estratégicas, mudanças de liderança e outros eventos podem ter um impacto significativo no valor e na percepção do mercado em relação a uma criptomoeda. Estar atualizado sobre essas informações pode ajudar a identificar oportunidades e riscos.

No entanto, é importante ressaltar que a análise fundamentalista não é uma fórmula mágica para prever o futuro das criptomoedas. O mercado de criptomoedas é altamente volátil e influenciado por uma série de fatores imprevisíveis. A análise fundamentalista é uma ferramenta para avaliar o potencial de longo prazo de uma criptomoeda, mas não garante o sucesso ou a valorização contínua.

Neste livro, exploraremos cada um desses princípios da análise fundamentalista em detalhes. Você aprenderá como realizar pesquisas, interpretar dados e aplicar esses princípios para tomar decisões informadas e estratégicas ao analisar criptomoedas.

No próximo capítulo, mergulharemos nos fundamentos econômicos e financeiros da análise fundamentalista, fornecendo uma base sólida para a compreensão dos conceitos-chave necessários para avaliar o valor de uma criptomoeda.

VICTOR VANDERSAN

FATORES ECONÔMICOS QUE AFETAM O VALOR DAS CRIPTOMOEDAS

O valor das criptomoedas é influenciado por uma variedade de fatores econômicos que vão além das características tecnológicas e do mercado. Neste capítulo, exploraremos os principais fatores econômicos que afetam o valor das criptomoedas e como eles devem ser considerados na análise fundamentalista.

Oferta e Demanda: A lei básica da oferta e demanda desempenha um papel fundamental no valor das criptomoedas. Quando a demanda por uma criptomoeda supera a oferta disponível, é provável que seu valor aumente. Da mesma forma, se a oferta excede a demanda, o valor tende a cair. É importante monitorar o equilíbrio entre oferta e demanda ao avaliar o potencial de valorização de uma criptomoeda.

Escassez: A escassez é um fator econômico que pode impactar o valor das criptomoedas. Algumas criptomoedas têm um limite máximo de fornecimento, o que significa que a quantidade disponível é limitada. Essa escassez pode aumentar a percepção de valor e impulsionar a demanda por essas criptomoedas.

Inflação: A inflação é outro fator econômico que pode afetar o valor das criptomoedas. Algumas criptomoedas têm mecanismos de emissão programados que controlam a inflação e limitam o aumento do fornecimento. Isso pode ajudar a preservar o valor das criptomoedas ao longo do tempo, especialmente em comparação com moedas fiduciárias sujeitas a políticas monetárias inflacionárias.

Adoção e Uso: A adoção e o uso prático de uma criptomoeda têm um impacto direto em seu valor. Quanto mais empresas, governos e usuários comuns a utilizarem em transações reais, maior será a demanda e o valor percebido da criptomoeda. A integração em diferentes setores e casos de uso diversificados é um indicador positivo para o potencial de valorização.

Integração com o Sistema Financeiro Tradicional: A integração das criptomoedas com o sistema financeiro tradicional pode ter um impacto significativo em seu valor. Parcerias com instituições financeiras estabelecidas, a possibilidade de conversão direta para moedas fiduciárias e o acesso a serviços bancários são fatores que podem aumentar a confiança e a adoção de uma criptomoeda.

Regulamentação: A regulamentação governamental desempenha um papel importante na determinação do valor das criptomoedas. Regulamentações favoráveis podem aumentar a confiança dos investidores e incentivar a adoção em larga escala. Por outro lado, regulamentações restritivas ou incertas podem criar incertezas e impactar negativamente o valor das criptomoedas.

Condições Econômicas Globais: As condições econômicas globais, como instabilidade política, crises financeiras ou eventos macroeconômicos, também podem afetar o valor das criptomoedas. Em momentos de incerteza, as criptomoedas podem ser vistas como uma reserva de valor alternativa e atrair investidores em busca de proteção.

Sentimento do Mercado: O sentimento do mercado desempenha um papel significativo na volatilidade e no valor das criptomoedas. Notícias, eventos, opiniões influentes e ações coletivas dos investidores podem criar oscilações significativas de preço. É importante acompanhar o sentimento do mercado para entender as tendências e os possíveis impactos no valor das criptomoedas.

A compreensão desses fatores econômicos é essencial para realizar uma análise fundamentalista completa das criptomoedas.

VICTOR VANDERSAN

ANÁLISE DO MERCADO E TENDÊNCIAS DE CRIPTOMOEDAS

A análise do mercado e a compreensão das tendências são componentes essenciais da análise fundamentalista de criptomoedas. Neste capítulo, exploraremos as principais técnicas e ferramentas utilizadas para analisar o mercado de criptomoedas e identificar tendências que podem influenciar o valor das moedas digitais.

Análise de Gráficos: A análise de gráficos é uma ferramenta fundamental na análise do mercado de criptomoedas. Os gráficos de preços fornecem informações sobre o desempenho passado e podem revelar padrões e tendências. Técnicas como análise de suporte e resistência, médias móveis e indicadores técnicos podem ser usadas para identificar oportunidades de compra ou venda com base nos movimentos de preços históricos.

Análise de Volume de Negociação: O volume de negociação é um indicador importante para avaliar a liquidez e o interesse do mercado em uma criptomoeda. A análise do volume pode ajudar a identificar períodos de alta atividade e tendências emergentes. Aumentos significativos no volume de negociação podem indicar interesse crescente e possíveis movimentos de preço.

Análise de Sentimento: A análise de sentimento é uma abordagem que busca medir as emoções e opiniões dos investidores em relação a uma criptomoeda. Isso pode ser feito por meio de pesquisas, análise de mídias sociais e monitoramento de notícias relevantes. O sentimento do mercado pode influenciar a demanda e, consequentemente, o valor das criptomoedas.

Análise de Ciclos de Mercado: O mercado de criptomoedas é conhecido por seus ciclos de alta e baixa. A análise de ciclos de mercado envolve o estudo de padrões históricos e a identificação de fases de acumulação, crescimento explosivo, correção e consolidação. Compreender esses ciclos pode ajudar os investidores a tomar decisões informadas e identificar possíveis pontos de entrada ou saída do mercado.

Análise de Correlações: A análise de correlações busca identificar relações entre diferentes criptomoedas, ativos tradicionais ou eventos externos. Por exemplo, algumas criptomoedas podem ter uma correlação positiva ou negativa com o preço do Bitcoin. A compreensão dessas correlações pode ajudar a antecipar movimentos de preço e avaliar o impacto de eventos externos no mercado de criptomoedas.

Acompanhamento de Notícias e Eventos: Ficar atualizado com as notícias e eventos relevantes no mercado de criptomoedas é crucial para uma análise completa. Anúncios de parcerias, atualizações técnicas, regulamentações governamentais e desenvolvimentos tecnológicos podem influenciar o valor das criptomoedas. É importante acompanhar fontes confiáveis de notícias e filtrar informações relevantes para embasar as decisões de investimento.

Identificação de Tendências de Mercado: Identificar tendências de mercado é uma parte fundamental da análise do mercado de criptomoedas. Isso envolve identificar movimentos de longo prazo, como tendências de alta ou baixa, e também tendências de curto prazo, como movimentos de preço baseados em padrões e indicadores. A identificação de tendências pode ajudar a determinar se uma criptomoeda está em um período de crescimento sustentável ou enfrentando uma possível reversão de tendência.

Ao combinar essas técnicas de análise de mercado, os investidores podem obter insights valiosos para tomar decisões informadas. A análise do mercado e a identificação de tendências são fundamentais para a análise fundamentalista de criptomoedas, pois ajudam a contextualizar e validar os aspectos econômicos e fundamentais discutidos anteriormente.

VICTOR VANDERSAN

AVALIANDO A DESCENTRALIZAÇÃO DAS CRIPTOMOEDAS

A descentralização é um dos princípios fundamentais das criptomoedas e é um fator importante a ser considerado ao avaliar seu potencial de investimento. Neste capítulo, discutiremos a importância da descentralização nas criptomoedas e como podemos analisar a distribuição de poder e governança em uma rede descentralizada.

A descentralização refere-se à distribuição do poder e controle de uma criptomoeda entre uma rede de participantes, em vez de ser controlada por uma única entidade centralizada. Uma criptomoeda verdadeiramente descentralizada é governada pela comunidade de usuários e não depende de uma equipe central para sua manutenção e desenvolvimento contínuo.

Ao avaliar a descentralização de uma criptomoeda, é importante considerar os seguintes aspectos:

Consenso e Algoritmo de Consenso: Um dos elementos-chave

da descentralização é o mecanismo de consenso utilizado pela criptomoeda. Mecanismos de consenso como Prova de Trabalho (Proof of Work - PoW) e Prova de Participação (Proof of Stake - PoS) garantem que as decisões sobre a rede sejam tomadas de forma distribuída, envolvendo os participantes da rede. A análise do algoritmo de consenso pode fornecer insights sobre a segurança e a descentralização da criptomoeda.

Distribuição de Tokens: A distribuição inicial e contínua dos tokens da criptomoeda é um fator importante para avaliar sua descentralização. Uma distribuição ampla e equitativa dos tokens evita a concentração excessiva de poder nas mãos de um pequeno número de participantes. Verifique se os tokens foram distribuídos de forma justa e se há um plano para evitar a centralização ao longo do tempo.

Governança Comunitária: A governança é um aspecto crítico da descentralização. Verifique se a criptomoeda possui um modelo de governança aberta e transparente, onde as decisões-chave são tomadas pela comunidade de usuários. A participação ativa da comunidade na tomada de decisões relacionadas às atualizações da rede, mudanças de protocolo e outras questões importantes é um indicador de uma criptomoeda verdadeiramente descentralizada.

Participação da Comunidade: A participação ativa e engajada da comunidade de usuários é fundamental para a descentralização de uma criptomoeda. Analise a comunidade que rodeia a criptomoeda em questão e verifique se há envolvimento significativo dos usuários na construção, promoção e desenvolvimento contínuo da rede. Uma comunidade forte e diversificada é um indicador de uma criptomoeda mais resiliente e descentralizada.

Resiliência e Segurança: A descentralização é frequentemente associada à resiliência e segurança de uma criptomoeda. Uma rede descentralizada é mais resistente a ataques e manipulações, pois não depende de uma única entidade para operar. Verifique a história da criptomoeda em relação a ataques e vulnerabilidades de segurança, e considere se a descentralização contribui para a proteção e estabilidade da rede.

Avaliar a descentralização de uma criptomoeda é fundamental para entender seu potencial de longo prazo. Embora algumas criptomoedas possam ter uma equipe central envolvida inicialmente, é importante analisar como o projeto está caminhando para se tornar cada vez mais descentralizado e autônomo.

EXPLORANDO A TECNOLOGIA POR TRÁS DAS CRIPTOMOEDAS

As criptomoedas são baseadas em tecnologia inovadora que revolucionou o mundo financeiro. Neste capítulo, iremos aprofundar nosso conhecimento sobre a tecnologia por trás das criptomoedas, como blockchain, criptografia e contratos inteligentes. Vamos explorar os conceitos e os aspectos técnicos mais complexos relacionados a essas tecnologias.

1. Blockchain: O blockchain é o alicerce das criptomoedas e desempenha um papel central em sua operação. Exploraremos os principais princípios do blockchain, como a descentralização, a imutabilidade e a transparência. Analisaremos em detalhes como os blocos são criados e encadeados, garantindo a segurança e a integridade das transações. Também discutiremos diferentes tipos de blockchain, como blockchain público e privado, e suas aplicações.

2. Criptografia: A criptografia é um componente-chave para garantir a segurança das criptomoedas. Abordaremos os princípios básicos da criptografia, como chaves públicas e privadas, algoritmos de hashing e assinaturas digitais. Discutiremos como a criptografia é usada para proteger as transações e manter a privacidade dos usuários. Também exploraremos os desafios e as inovações na área de criptografia relacionados às criptomoedas.

3. Consenso e Mecanismos de Consenso: Os mecanismos de consenso são responsáveis por validar e chegar a um acordo sobre as transações na rede de uma criptomoeda. Discutiremos em detalhes diferentes mecanismos de consenso, como Prova de Trabalho (Proof of Work - PoW), Prova de Participação (Proof of Stake - PoS) e outros algoritmos de consenso emergentes. Analisaremos as vantagens, desvantagens e os requisitos técnicos de cada mecanismo de consenso.

4. Contratos Inteligentes: Os contratos inteligentes são programas de computador que executam automaticamente acordos pré-determinados quando certas condições são atendidas. Exploraremos a tecnologia por trás dos contratos inteligentes e como eles são implementados em blockchains. Discutiremos as possibilidades e as limitações dos contratos inteligentes, bem como exemplos de casos de uso em diferentes setores.

5. Escalabilidade e Desafios Técnicos: Abordaremos os desafios técnicos enfrentados pelas criptomoedas, em especial a questão da escalabilidade. Discutiremos soluções propostas, como sharding, camadas de escalabilidade e canais de pagamento off-chain. Exploraremos os trade-offs entre escalabilidade, segurança e descentralização, além de discutir os avanços tecnológicos que buscam resolver esses desafios.

6. Interoperabilidade e Padrões: A interoperabilidade é um tema

importante quando se trata de criptomoedas e blockchains. Veremos como os protocolos e os padrões podem facilitar a comunicação e a transferência de valor entre diferentes blockchains. Discutiremos iniciativas de interoperabilidade, como atomic swaps e protocolos de ponte, e seu impacto no ecossistema das criptomoedas.

7. Avanços Tecnológicos Futuros: Por fim, exploraremos os avanços tecnológicos promissores que podem moldar o futuro das criptomoedas. Discutiremos tópicos como blockchain escalável, privacidade aprimorada, computação distribuída e integração com outras tecnologias emergentes, como inteligência artificial e Internet das Coisas.

Blockchain: O Alicerce Das Criptomoedas E Além

O blockchain é um dos conceitos fundamentais por trás das criptomoedas, sendo um registro público descentralizado e imutável de todas as transações realizadas. Ele oferece uma maneira revolucionária de registrar e validar informações, indo além do âmbito financeiro e encontrando aplicação em várias outras indústrias. Neste tópico, exploraremos os princípios básicos do blockchain, sua estrutura e funcionalidade, bem como suas implicações e aplicações.

Para entender o blockchain, é essencial compreender a estrutura básica em que ele é construído. O blockchain é composto por uma série de blocos, onde cada bloco contém um conjunto de transações verificadas. Cada bloco possui um identificador único chamado hash, que é gerado por meio de um algoritmo de hash criptográfico. Além disso, cada bloco contém o hash do bloco anterior, criando assim uma cadeia contínua de blocos interligados. Essa estrutura encadeada garante a integridade e a imutabilidade dos dados armazenados no blockchain.

A descentralização é um dos principais atributos do blockchain.

Em vez de ser controlado por uma única entidade, o blockchain é distribuído em uma rede de computadores, conhecidos como nós. Esses nós trabalham em conjunto para verificar e validar as transações, garantindo a segurança e a confiabilidade do sistema. A descentralização elimina a necessidade de intermediários e permite transações diretas entre as partes envolvidas.

Outra característica fundamental do blockchain é a transparência. Todas as transações registradas no blockchain são visíveis para todos os participantes da rede. Isso cria um alto nível de transparência e prestação de contas, uma vez que qualquer alteração no blockchain é registrada e pode ser auditada pelos membros da rede. Essa transparência é especialmente valiosa em setores onde a confiança é crucial, como cadeias de suprimentos, eleições e gerenciamento de ativos digitais.

A segurança também desempenha um papel vital no blockchain. A criptografia é usada para proteger as informações registradas no blockchain, tornando-as imunes a alterações maliciosas. Cada transação é assinada digitalmente e vinculada ao bloco anterior, dificultando qualquer tentativa de alteração retroativa dos registros. Além disso, os mecanismos de consenso, como a Prova de Trabalho (Proof of Work - PoW) e a Prova de Participação (Proof of Stake - PoS), garantem que a rede seja resistente a ataques de 51% e mantém a integridade do sistema.

Embora o blockchain tenha sido inicialmente concebido para suportar transações financeiras com criptomoedas, suas aplicações se estendem muito além disso. Por exemplo, o blockchain pode ser utilizado para criar contratos inteligentes, que são acordos digitais que se autoexecutam quando as condições especificadas são atendidas. Esses contratos são armazenados e executados no blockchain, garantindo transações seguras e automatizadas, eliminando a necessidade de intermediários.

Além disso, o blockchain pode ser aplicado em cadeias de suprimentos, permitindo rastrear a origem e a jornada de um produto desde a sua produção até a entrega ao consumidor final. Isso aumenta a transparência e a confiança, bem como facilita a detecção de produtos falsificados ou adulterados. O blockchain também tem sido explorado em setores como saúde, votação eletrônica, logística e propriedade intelectual, oferecendo soluções inovadoras e seguras para problemas existentes.

No entanto, embora o blockchain tenha potencial para trazer grandes benefícios, também enfrenta desafios significativos. A escalabilidade é um desses desafios, pois o número crescente de transações pode sobrecarregar a capacidade da rede. Soluções como sharding, camadas de escalabilidade e canais de pagamento off-chain estão sendo desenvolvidas para mitigar esse problema e permitir um maior volume de transações.

Outra questão importante é a interoperabilidade entre diferentes blockchains. Atualmente, existem várias redes de blockchain, cada uma com sua própria estrutura e protocolos. Para que o blockchain atinja seu potencial máximo, é necessário que essas redes possam se comunicar e transferir valor entre si de maneira eficiente e segura. Iniciativas de interoperabilidade, como atomic swaps e protocolos de ponte, estão sendo desenvolvidas para abordar esse desafio e permitir a colaboração entre diferentes blockchains.

À medida que o blockchain continua a evoluir, novos avanços e inovações estão surgindo. Técnicas de consenso alternativas, como Prova de Capacidade (Proof of Capacity - PoC) e Prova de Histórico (Proof of History - PoH), estão sendo exploradas para melhorar a eficiência e a sustentabilidade do blockchain. Além disso, novas camadas de protocolos, como a Lightning Network, estão sendo desenvolvidas para permitir transações instantâneas e de baixo custo.

Criptografia: A Base Da Segurança Nas Criptomoedas

A criptografia desempenha um papel fundamental nas criptomoedas, garantindo a segurança e a confidencialidade das transações. É a ciência de transformar informações em um formato ilegível para terceiros não autorizados e, ao mesmo tempo, permitir que as partes legítimas a decifrem. Na esfera das criptomoedas, a criptografia é usada para proteger as transações, autenticar os usuários e preservar a privacidade das partes envolvidas.

Existem vários conceitos-chave na criptografia relacionada às criptomoedas:

Chaves Públicas e Privadas: Um dos conceitos centrais é o uso de pares de chaves criptográficas, compostos por uma chave pública e uma chave privada. A chave pública é compartilhada com outros usuários e usada para criptografar as informações, enquanto a chave privada é mantida em segredo e usada para descriptografar as informações criptografadas. Essas chaves são matematicamente relacionadas, garantindo que apenas a chave privada correspondente à chave pública usada para criptografar possa descriptografar a informação.

Assinaturas Digitais: As assinaturas digitais são uma aplicação importante da criptografia nas criptomoedas. Elas são usadas para verificar a autenticidade das transações e a identidade dos usuários. Uma assinatura digital é criada combinando a chave privada do remetente com os dados da transação e, em seguida, pode ser verificada usando a chave pública correspondente. Isso garante que apenas o remetente original possa criar uma assinatura válida e que qualquer alteração na transação seja detectada.

Algoritmos de Hash: Os algoritmos de hash são outra ferramenta criptográfica essencial nas criptomoedas. Eles são usados para criar uma "impressão digital" única e fixa de um conjunto de dados, independentemente do seu tamanho. Os algoritmos de hash são unidirecionais, o que significa que é fácil gerar o hash a partir dos dados, mas é praticamente impossível reverter o processo e recuperar os dados originais do hash. Isso torna os algoritmos de hash úteis para garantir a integridade dos dados nas transações, já que qualquer modificação nos dados resultará em um hash completamente diferente.

Criptografia de Chave Simétrica e Assimétrica: A criptografia de chave simétrica envolve o uso da mesma chave para criptografar e descriptografar informações. Embora seja eficiente em termos de velocidade, a distribuição segura da chave é um desafio. Por outro lado, a criptografia de chave assimétrica, usando pares de chaves públicas e privadas, supera esse desafio, permitindo que as informações sejam criptografadas com a chave pública e descriptografadas apenas com a chave privada correspondente. A criptografia de chave assimétrica é mais segura, mas é computacionalmente mais intensiva do que a criptografia de chave simétrica.

Privacidade e Confidencialidade: A criptografia desempenha um papel importante na proteção da privacidade e confidencialidade das transações nas criptomoedas. Ela permite que os usuários mantenham seus dados pessoais em sigilo, enquanto ainda podem verificar a validade das transações. Ao criptografar as informações transmitidas nas transações, é possível garantir que apenas as partes envolvidas tenham acesso às informações confidenciais, mantendo os detalhes das transações protegidos de olhares indiscretos.

Desafios e Inovações em Criptografia: A criptografia desempenha um papel crítico na segurança das criptomoedas, mas também enfrenta desafios contínuos. A computação quântica, por exemplo, representa uma ameaça potencial para os algoritmos criptográficos atualmente em uso. Algoritmos resistentes a ataques quânticos, como a criptografia pós-quântica, estão sendo desenvolvidos para garantir a segurança das criptomoedas no futuro.

Outra área de inovação é a melhoria da privacidade nas criptomoedas. Novas técnicas, como as transações confidenciais, estão sendo desenvolvidas para aprimorar a privacidade das transações, ocultando os detalhes específicos das partes envolvidas e os valores das transações.

A criptografia é um dos pilares fundamentais das criptomoedas, fornecendo segurança, autenticidade e privacidade. Entender os conceitos e os princípios subjacentes à criptografia é crucial para compreender o funcionamento das criptomoedas e tomar decisões informadas ao investir e usar essas moedas digitais.

Consenso E Mecanismos De Consenso

Os mecanismos de consenso são uma parte essencial da tecnologia por trás das criptomoedas. Eles são responsáveis por validar as transações e garantir que todos os participantes da rede cheguem a um acordo sobre o estado do blockchain. Vamos explorar os principais mecanismos de consenso e discutir suas características, vantagens e desafios.

Prova de Trabalho (Proof of Work - PoW)

A Prova de Trabalho é o mecanismo de consenso mais conhecido e foi introduzido pelo Bitcoin. Nesse mecanismo, os mineradores competem entre si para resolver problemas matemáticos complexos, conhecidos como "provas de trabalho". O primeiro minerador a encontrar a solução correta recebe o direito de adicionar o próximo bloco ao blockchain e é recompensado com uma certa quantidade de criptomoedas.

A principal vantagem da Prova de Trabalho é sua segurança. Como os mineradores precisam gastar poder computacional para resolver os problemas, um atacante teria que ter mais da metade do poder computacional total da rede para comprometer a segurança do blockchain. No entanto, a Prova de Trabalho também apresenta desvantagens significativas. Requer uma grande quantidade de energia e recursos computacionais, tornando a mineração de criptomoedas intensiva em energia e limitando a escalabilidade da rede. Além disso, os mineradores com maior poder computacional têm mais chances de ganhar a recompensa, levando à centralização da mineração.

Prova de Participação (Proof of Stake - PoS)

A Prova de Participação é um mecanismo de consenso alternativo que resolve alguns dos problemas associados à Prova de Trabalho. Nesse mecanismo, os participantes da rede "bloqueiam" uma certa quantidade de suas criptomoedas como uma forma de "participação". O participante que tem mais moedas bloqueadas tem mais chances de ser escolhido para validar o próximo bloco e receber a recompensa.

Uma das principais vantagens da Prova de Participação é a sua eficiência energética. Como não há necessidade de resolver problemas computacionais complexos, o consumo de energia é significativamente reduzido em comparação com a Prova de Trabalho. Além disso, a Prova de Participação promove a descentralização, uma vez que os participantes com maior participação têm mais influência na rede.

No entanto, a Prova de Participação também apresenta alguns desafios. Um deles é o "problema da participação inicial", que ocorre quando os participantes mais ricos têm uma vantagem inicial significativa. Isso pode levar à centralização do poder nas mãos de um pequeno número de participantes. Para mitigar esse problema, alguns protocolos implementam mecanismos que limitam a quantidade máxima de participação de um único participante.

Outros Mecanismos de Consenso

Além da Prova de Trabalho e da Prova de Participação, existem outros mecanismos de consenso que estão sendo explorados e desenvolvidos pela comunidade de criptomoedas. Alguns deles incluem:

Prova de Autoridade (Proof of Authority - PoA): Nesse mecanismo, um grupo seleto de entidades confiáveis é responsável por validar as transações. É amplamente utilizado em redes privadas e consórcios.

Prova de Espaço (Proof of Space - PoS): Esse mecanismo usa o espaço de armazenamento em disco como recurso para validar as transações. Os participantes dedicam uma certa quantidade de espaço de armazenamento para participar do processo de consenso.

Prova de Histórico (Proof of History - PoH): Esse mecanismo usa um registro sequencial de eventos históricos como base para o consenso. Cada evento é considerado como uma prova de que o tempo passou.

Tolerância a Falhas Bizantinas (Byzantine Fault Tolerance - BFT): Esse mecanismo é projetado para resistir a falhas bizantinas, que envolvem nós maliciosos ou não confiáveis na rede. Ele é comumente usado em redes blockchain empresariais.

Cada mecanismo de consenso tem suas próprias características e é adequado para diferentes contextos e requisitos. À medida que a tecnologia das criptomoedas continua a evoluir, novos mecanismos de consenso podem surgir, abordando ainda mais os desafios existentes.
A compreensão dos mecanismos de consenso é fundamental para avaliar a segurança, a escalabilidade e a governança de uma criptomoeda. Ao investir ou utilizar criptomoedas, é importante considerar o mecanismo de consenso adotado pela rede e suas implicações.

Contratos Inteligentes: Automatizando Acordos Na Era Das Criptomoedas

No mundo das criptomoedas, os contratos inteligentes desempenham um papel fundamental na automação de acordos e transações financeiras. Essa tecnologia revolucionária permite a execução automática de contratos digitais, eliminando a necessidade de intermediários e fornecendo maior eficiência, transparência e segurança para as partes envolvidas. Neste texto, exploraremos em detalhes o conceito de contratos inteligentes e como eles estão transformando a maneira como realizamos transações.

Um contrato inteligente é um programa de computador autoexecutável que facilita, verifica e impõe a negociação ou o desempenho de um contrato. Ele é projetado para automatizar as condições estabelecidas no contrato, garantindo que sejam cumpridas sem a necessidade de intermediários ou confiança cega entre as partes. Os contratos inteligentes são baseados em blockchains, que fornecem um ambiente seguro e imutável para a execução dos contratos.

Um dos exemplos mais conhecidos de plataforma que suporta contratos inteligentes é o Ethereum. O Ethereum é uma blockchain descentralizada que permite a criação e execução de contratos inteligentes por meio de sua linguagem de programação Turing-completa chamada Solidity. Os contratos inteligentes no Ethereum são armazenados na blockchain e executados automaticamente quando as condições pré-programadas são atendidas.

Uma das principais vantagens dos contratos inteligentes é a eliminação da necessidade de intermediários. Em transações tradicionais, como a compra de um imóvel, geralmente são necessários intermediários, como advogados, corretores e cartórios, para garantir o cumprimento do contrato. Com contratos inteligentes, esses intermediários podem ser substituídos por um código programado que executa automaticamente as etapas necessárias para a conclusão da transação. Isso reduz significativamente os custos e o tempo envolvidos nas transações.

Além da automação, os contratos inteligentes oferecem maior transparência e segurança. Todas as transações e condições acordadas são registradas na blockchain, tornando-as imutáveis e transparentes para todas as partes envolvidas. Isso elimina a possibilidade de fraude, manipulação ou alteração das condições acordadas. Além disso, os contratos inteligentes são executados automaticamente, sem a necessidade de confiança mútua entre as partes. As regras são definidas previamente e serão aplicadas de forma imparcial, garantindo que o contrato seja cumprido sem qualquer interferência externa.

Outro aspecto interessante dos contratos inteligentes é a possibilidade de criar acordos complexos e personalizados. Os contratos podem ser programados para incluir condições específicas, gatilhos de pagamento, prazos e cláusulas que atendam às necessidades individuais de cada transação. Isso proporciona flexibilidade e adaptabilidade aos contratos, tornando-os adequados para uma ampla variedade de aplicações, desde transações financeiras simples até contratos de compra e venda mais complexos.

No entanto, é importante ressaltar que os contratos inteligentes também apresentam desafios e limitações. Como os contratos são executados automaticamente, qualquer falha no código pode ter consequências significativas e irreversíveis. Vulnerabilidades ou erros no código podem levar a perdas financeiras ou explorar brechas de segurança. Portanto, é crucial que os contratos inteligentes sejam cuidadosamente revisados, testados e auditados para garantir sua robustez e segurança.

Outra limitação é a inflexibilidade dos contratos inteligentes. Uma vez que um contrato é executado na blockchain, ele não pode ser alterado ou modificado. Isso pode ser problemático em situações em que surgem eventos imprevistos ou alterações nas condições acordadas. A falta de flexibilidade pode exigir a criação de novos contratos para lidar com essas mudanças, o que pode gerar complicações adicionais.

À medida que a tecnologia dos contratos inteligentes continua a evoluir, novas soluções estão sendo desenvolvidas para superar esses desafios. Protocolos de atualização de contratos, como a implementação de contratos inteligentes com capacidade de autodescoberta e autodesenvolvimento, estão sendo explorados para permitir a atualização e a adaptação dos contratos após sua execução inicial.

Além disso, os contratos inteligentes estão encontrando aplicações além das transações financeiras. Eles estão sendo utilizados em áreas como governança descentralizada, cadeias de suprimentos, seguros e até mesmo na área da saúde, onde podem garantir a segurança e a privacidade dos registros médicos.

Escalabilidade E Desafios Técnicos: Rumo A Uma Infraestrutura Cripto Sustentável

A escalabilidade é um desafio técnico crucial enfrentado pelas criptomoedas. À medida que o interesse e a adoção das criptomoedas crescem, a capacidade das redes blockchain existentes de lidar com um volume cada vez maior de transações se torna uma preocupação. Neste contexto, exploraremos os desafios da escalabilidade e as soluções propostas para abordar essa questão.

Para entender a escalabilidade no contexto das criptomoedas, é importante considerar duas dimensões principais: escalabilidade em termos de capacidade de processamento de transações e escalabilidade em termos de tamanho da rede e participantes.

Escalabilidade de Processamento de Transações:

Uma rede blockchain é composta por uma cadeia de blocos que registra e valida transações. À medida que mais transações são realizadas, a capacidade da rede de processar essas transações de forma rápida e eficiente se torna um desafio. O aumento da demanda pode levar a congestionamentos, atrasos nas transações e custos elevados de transação. Além disso, o crescimento exponencial do tamanho do blockchain pode dificultar a sua sincronização e replicação em todos os nós da rede.

Para enfrentar esses desafios, várias soluções foram propostas:

Aumento do tamanho do bloco: Uma solução simples para aumentar a capacidade de processamento é aumentar o tamanho do bloco em uma blockchain. No entanto, essa abordagem pode levar a problemas de centralização, pois blocos maiores exigem mais recursos de armazenamento e processamento, o que pode limitar a capacidade de participação dos nós menores da rede.

Segunda camada de escalabilidade: Uma solução promissora é a implementação de camadas adicionais de escalabilidade. Por exemplo, a Lightning Network é uma camada de escalabilidade off-chain que permite realizar transações rápidas e de baixo custo, utilizando canais de pagamento fora da blockchain principal. Essa abordagem reduz a carga da blockchain principal, aumentando a capacidade de processamento global da rede.

Sharding: O sharding é uma técnica que divide o blockchain

em fragmentos menores chamados de shards. Cada shard é responsável por processar um conjunto específico de transações, aumentando a capacidade global de processamento. Essa abordagem pode aumentar significativamente a escalabilidade, mas também apresenta desafios, como a coordenação e a segurança dos shards.

Algoritmos de consenso alternativos: Além do mecanismo de consenso Proof of Work (PoW) usado pelo Bitcoin, outros algoritmos de consenso, como Proof of Stake (PoS) e Delegated Proof of Stake (DPoS), foram desenvolvidos. Esses algoritmos consomem menos recursos computacionais, permitindo uma maior capacidade de processamento de transações.

Escalabilidade em Termos de Tamanho da Rede e Participantes:

Outro desafio relacionado à escalabilidade é a capacidade da rede blockchain de lidar com um número crescente de participantes e garantir que a segurança e a descentralização não sejam comprometidas.
Participação e incentivos: Uma rede blockchain escalável deve incentivar a participação ativa dos nós da rede. Mecanismos de incentivo adequados, como recompensas e incentivos econômicos, podem encorajar os participantes a contribuir com recursos de computação e armazenamento para a rede.

Redes sidechain e interoperabilidade: A criação de redes sidechain e a interoperabilidade entre diferentes blockchains podem ajudar a distribuir a carga de trabalho e melhorar a capacidade de processamento global. Essas soluções permitem a transferência de valor e informações entre diferentes blockchains, aproveitando as vantagens de cada uma.

Governança: Uma governança eficaz é essencial para garantir a escalabilidade sustentável de uma rede blockchain. Mecanismos de tomada de decisão transparentes e inclusivos podem ajudar a resolver disputas e avançar com atualizações e melhorias técnicas necessárias para a escalabilidade.

É importante ressaltar que a escalabilidade não é apenas uma questão técnica, mas também uma questão econômica e de governança. A implementação bem-sucedida de soluções de escalabilidade requer um equilíbrio cuidadoso entre o aumento da capacidade de processamento, a segurança da rede e a descentralização.

Embora existam várias soluções propostas para melhorar a escalabilidade das criptomoedas, é importante reconhecer que não existe uma solução única que se aplique a todas as blockchains. Cada projeto tem suas características e requisitos específicos, e a abordagem correta pode variar dependendo do contexto.

À medida que a tecnologia blockchain continua a evoluir e amadurecer, novas soluções para a escalabilidade estão sendo exploradas e desenvolvidas. A comunidade cripto está constantemente trabalhando para superar esses desafios técnicos e criar uma infraestrutura robusta e escalável para o futuro das criptomoedas.

A Importância Da Interoperabilidade E Padrões No Ecossistema Das Criptomoedas

A interoperabilidade e os padrões são elementos fundamentais para o desenvolvimento e a adoção em larga escala das criptomoedas e das tecnologias de blockchain. Neste texto complementar, aprofundaremos a discussão sobre interoperabilidade e como os padrões podem facilitar a comunicação e a transferência de valor entre diferentes blockchains.

A Importância da Interoperabilidade:

A interoperabilidade refere-se à capacidade de diferentes sistemas ou redes se comunicarem e interagirem de forma eficiente e harmoniosa. No contexto das criptomoedas, a interoperabilidade é crucial para superar os desafios de fragmentação do mercado, permitindo a transferência de valor entre diferentes blockchains e aumentando a utilidade e a acessibilidade das criptomoedas.

Desafios da Falta de Interoperabilidade:

Sem a interoperabilidade, cada blockchain opera como um ecossistema isolado, com seus próprios tokens e aplicativos descentralizados (DApps). Isso limita a capacidade dos usuários de se moverem livremente entre diferentes blockchains e dificulta a adoção generalizada das criptomoedas. Além disso, a falta de interoperabilidade também dificulta a transferência de ativos digitais entre diferentes plataformas, resultando em uma experiência fragmentada e complexa para os usuários.

Protocolos de Interoperabilidade:

Para superar esses desafios, várias soluções de interoperabilidade têm sido propostas e desenvolvidas. Esses protocolos de interoperabilidade visam estabelecer uma ponte entre diferentes blockchains, permitindo a transferência de valor e o compartilhamento de informações de forma segura e confiável. Alguns exemplos de protocolos de interoperabilidade incluem:

Atomic Swaps: Atomic swaps permitem a troca direta de ativos entre diferentes blockchains, sem a necessidade de uma entidade intermediária. Esses swaps são baseados em contratos inteligentes que garantem a conclusão segura da transação, eliminando a necessidade de confiança mútua entre as partes envolvidas.

Protocolos de Ponte (Bridge): Os protocolos de ponte são projetados para conectar diferentes blockchains, permitindo a transferência de ativos digitais entre eles. Esses protocolos estabelecem canais de comunicação e mecanismos de segurança que garantem a integridade das transações.

Wrapper Tokens: Os wrapper tokens são tokens emitidos em uma blockchain que representam o valor de ativos de outra blockchain. Por exemplo, um token ERC-20 pode ser criado para representar o valor de um token nativo de uma blockchain diferente. Isso permite que os ativos sejam transferidos e utilizados em diferentes blockchains.

Padrões de Interoperabilidade:
Além dos protocolos específicos, a definição de padrões é essencial para facilitar a interoperabilidade entre as criptomoedas. Os padrões estabelecidos permitem que diferentes blockchains e aplicativos se comuniquem de forma consistente e padronizada, facilitando a integração e a colaboração entre eles. Alguns dos padrões mais relevantes para a interoperabilidade incluem:

ERC-20: O padrão ERC-20 é um padrão amplamente adotado para tokens na rede Ethereum. Ele define uma interface padrão para a criação e a interação de tokens, permitindo que eles sejam facilmente transferidos e negociados em diferentes aplicativos e exchanges.

ERC-721: O padrão ERC-721 é usado para tokens não fungíveis (NFTs) na rede Ethereum. Ele permite a criação e a transferência de ativos digitais exclusivos, como obras de arte digitais e colecionáveis.

Interledger Protocol (ILP): O Interledger Protocol é um protocolo aberto que facilita a transferência de valor entre diferentes blockchains e sistemas de pagamento. Ele permite a interoperabilidade entre diferentes criptomoedas e moedas fiduciárias, abrindo caminho para pagamentos rápidos e eficientes em escala global.

Iniciativas de Interoperabilidade:

Existem várias iniciativas e projetos que visam impulsionar a interoperabilidade no ecossistema das criptomoedas. Essas iniciativas buscam criar um ambiente colaborativo e interconectado, onde diferentes blockchains possam se comunicar e compartilhar informações de maneira transparente. Alguns exemplos notáveis incluem:

Polkadot: Polkadot é uma plataforma de blockchain que visa facilitar a interoperabilidade entre diferentes blockchains. Ela permite que blockchains independentes se conectem e compartilhem informações de forma segura e eficiente, criando um ecossistema interconectado chamado de "parachains".

Cosmos: Cosmos é uma rede de blockchains independentes que buscam oferecer interoperabilidade através do protocolo IBC (Inter-Blockchain Communication). O protocolo IBC permite que diferentes blockchains troquem informações e tokens de maneira segura e confiável.

Wanchain: Wanchain é uma plataforma de blockchain focada em interoperabilidade e descentralização. Ela permite a troca de ativos digitais entre diferentes blockchains, fornecendo uma infraestrutura robusta para aplicativos financeiros descentralizados (DeFi).

Benefícios da Interoperabilidade:

A interoperabilidade traz uma série de benefícios para o ecossistema das criptomoedas. Além de permitir a transferência de valor entre diferentes blockchains, ela também promove a colaboração e a inovação. Com a interoperabilidade, aplicativos descentralizados podem aproveitar os recursos de diferentes blockchains e oferecer uma experiência aprimorada aos usuários. Além disso, a interoperabilidade também pode facilitar a integração de soluções blockchain com sistemas legados, abrindo caminho para uma adoção mais ampla e uma transição suave para o mundo das criptomoedas.

Desafios e Considerações:
Embora a interoperabilidade seja um objetivo desejável, existem desafios a serem superados. Garantir a segurança e a confiabilidade nas transações entre diferentes blockchains é um aspecto crítico. Além disso, é importante ter em mente a governança e os aspectos regulatórios ao promover a interoperabilidade, a fim de garantir a conformidade e a proteção dos usuários.

Avanços Tecnológicos Futuros Nas Criptomoedas

As criptomoedas já transformaram o cenário financeiro global, mas ainda estão em constante evolução. À medida que a tecnologia por trás das criptomoedas continua a se desenvolver, novos avanços estão surgindo e prometem levar essa revolução digital a um novo patamar. Neste capítulo, vamos explorar alguns dos avanços tecnológicos futuros mais promissores para as criptomoedas.

Escalabilidade Aprimorada
Um dos principais desafios enfrentados pelas criptomoedas é a escalabilidade, ou seja, a capacidade de lidar com um grande volume de transações de forma eficiente. Atualmente, blockchains como o Bitcoin e o Ethereum têm limitações em termos de capacidade de processamento e velocidade de transação. No entanto, existem várias soluções em desenvolvimento que buscam resolver esse problema.

Uma abordagem promissora é o uso de técnicas de sharding, onde a blockchain é dividida em fragmentos menores chamados shards. Cada shard pode processar transações de forma independente, aumentando assim a capacidade geral da rede. Além disso, há pesquisas em andamento sobre a adoção de camadas de escalabilidade, como o Lightning Network para o Bitcoin, que permite realizar transações off-chain para aliviar a carga na blockchain principal.

Privacidade Aprimorada

A privacidade é um aspecto crítico para muitos usuários de criptomoedas, que desejam manter suas transações e informações financeiras confidenciais. Embora blockchains públicas sejam transparentes, permitindo que qualquer pessoa rastreie transações, avanços estão sendo feitos para melhorar a privacidade nas criptomoedas.

Uma tecnologia promissora nesse sentido é a criptografia homomórfica, que permite realizar operações matemáticas em dados criptografados sem revelar o conteúdo real. Isso pode abrir caminho para a realização de transações privadas enquanto ainda se mantém a capacidade de auditoria e validação da blockchain.

Outra abordagem é a utilização de protocolos de mistura, como CoinJoin e Zero-Knowledge Proof, que permitem combinar várias transações para tornar difícil identificar as partes envolvidas. Esses avanços em privacidade podem ajudar a superar algumas das preocupações relacionadas à rastreabilidade de transações em criptomoedas.

Computação Distribuída e Contratos Inteligentes Avançados
Os contratos inteligentes já são uma parte fundamental das criptomoedas, permitindo a execução automática de acordos pré-determinados. No entanto, os contratos inteligentes estão evoluindo além das funcionalidades básicas e buscando soluções mais avançadas.

Pesquisadores estão explorando o conceito de contratos inteligentes avançados, que incorporam recursos de oráculos externos e inteligência artificial. Isso permitiria que os contratos inteligentes interagissem com informações do mundo real, tomando decisões com base em dados externos. Por exemplo, um contrato inteligente poderia executar uma cláusula quando determinados dados econômicos fossem publicados.

Além disso, a computação distribuída está emergindo como uma área promissora para aprimorar os contratos inteligentes. Por meio da combinação de blockchains e tecnologias como o IPFS (InterPlanetary File System), os contratos inteligentes poderiam acessar e processar grandes quantidades de dados de forma mais eficiente e escalável.

Integração com Outras Tecnologias Emergentes

As criptomoedas estão se tornando cada vez mais interligadas com outras tecnologias emergentes, como inteligência artificial (IA), Internet das Coisas (IoT) e realidade virtual (VR). Essas integrações têm o potencial de abrir novas possibilidades e casos de uso para as criptomoedas.

Por exemplo, a IA pode ser usada para análise preditiva de mercado e auxiliar na tomada de decisões de investimento. Algoritmos de IA podem analisar grandes quantidades de dados históricos e em tempo real para identificar tendências e padrões de mercado, fornecendo insights valiosos para os investidores de criptomoedas.

Da mesma forma, a IoT pode desempenhar um papel importante na adoção e utilização das criptomoedas no mundo físico. Através da integração de dispositivos inteligentes com carteiras de criptomoedas, transações automatizadas e seguras podem ser realizadas em tempo real. Por exemplo, um carro autônomo poderia pagar automaticamente por serviços de estacionamento ou recarga de energia usando criptomoedas.

Segurança e Proteção de Ativos

A segurança é um aspecto crítico das criptomoedas, e avanços contínuos estão sendo feitos para proteger os ativos dos usuários. Pesquisas estão sendo realizadas em tecnologias como assinaturas múltiplas (multisig), criptografia quântica e sistemas de detecção de intrusões para fortalecer a segurança das carteiras e das transações.

A criptografia quântica, em particular, oferece uma abordagem promissora para proteger as chaves privadas das carteiras de criptomoedas contra ataques de computadores quânticos. Essa tecnologia utiliza princípios quânticos para garantir a segurança da comunicação e pode ser uma solução eficaz para evitar o roubo de chaves privadas.

IMPACTO DA REGULAÇÃO GOVERNAMENTAL NAS CRIPTOMOEDAS

Introdução

As criptomoedas têm ganhado cada vez mais destaque no cenário financeiro global, despertando o interesse de investidores, empresas e governos. No entanto, o advento das criptomoedas também levantou questões complexas e desafiadoras relacionadas à regulação governamental. Neste capítulo, exploraremos o impacto da regulação governamental nas criptomoedas, analisando os diferentes enfoques regulatórios adotados em todo o mundo, os desafios enfrentados e as implicações para o mercado e os investidores.

Compreendendo a Regulação Governamental

A regulação governamental envolve o estabelecimento de regras, leis e políticas para supervisionar e controlar determinados setores da economia. No contexto das criptomoedas, a regulação governamental busca garantir a segurança dos investidores, proteger contra atividades ilegais, combater a lavagem de dinheiro e o financiamento do terrorismo, promover a estabilidade financeira e, em alguns casos, facilitar a inovação e o crescimento do mercado.

Abordagens Regulatórias em Todo o Mundo

As abordagens regulatórias em relação às criptomoedas variam significativamente de um país para outro. Alguns países adotaram uma abordagem mais favorável e proativa, visando incentivar a inovação e o desenvolvimento do mercado de criptomoedas. Outros países têm sido mais cautelosos e adotaram medidas mais restritivas para controlar o uso e a negociação de criptomoedas. Além disso, existem aqueles que ainda estão em processo de desenvolvimento de um quadro regulatório específico para lidar com as criptomoedas.

Desafios da Regulação de Criptomoedas

A regulação governamental das criptomoedas enfrenta vários desafios complexos. Um dos principais desafios é a natureza transnacional das criptomoedas, que transcendem as fronteiras nacionais e desafiam os limites regulatórios tradicionais. Além disso, as criptomoedas são tecnologicamente complexas, o que dificulta a compreensão e a regulamentação efetiva por parte dos governos. Outros desafios incluem a necessidade de equilibrar a proteção dos investidores e a estabilidade financeira com a promoção da inovação e o desenvolvimento do mercado.

Temas Complexos De Regulação

Nesta seção, exploraremos alguns temas complexos que surgem na regulação das criptomoedas:

a) Classificação e Definição: A classificação adequada das criptomoedas é essencial para a definição do escopo regulatório e dos requisitos aplicáveis. A falta de consenso internacional sobre a classificação das criptomoedas como ativos, moedas, commodities ou valores mobiliários cria desafios regulatórios significativos.

b) Conformidade com Conheça seu Cliente (KYC) e Combate à Lavagem de Dinheiro (AML): A regulação das criptomoedas visa combater a lavagem de dinheiro e garantir a conformidade com as regras de KYC. No entanto, a implementação efetiva dessas medidas em um ambiente descentralizado e pseudônimo apresenta desafios únicos.

c) Tributação: A tributação das criptomoedas é um tema complexo, pois envolve a determinação de como classificar, avaliar e tributar os ganhos obtidos com criptomoedas. As questões fiscais relacionadas airdrops, hard forks e transações cripto-cripto também são pontos de atenção.

d) Proteção do Consumidor: A regulação das criptomoedas busca proteger os consumidores contra fraudes, esquemas Ponzi e práticas comerciais desleais. Garantir a segurança das carteiras digitais, estabelecer requisitos de divulgação e promover a transparência são aspectos importantes dessa proteção.

e) Segurança Cibernética: A segurança cibernética é uma preocupação crítica no mercado de criptomoedas. A regulação deve abordar a proteção dos ativos digitais, a prevenção de hacks e a responsabilidade das exchanges e provedores de serviços em relação à segurança dos dados e dos fundos dos usuários.

f) Inovação e Sandbox Regulatório: Alguns países têm adotado abordagens inovadoras, como a criação de sandboxes regulatórios, para permitir que as empresas desenvolvam e testem soluções baseadas em blockchain e criptomoedas. Essas iniciativas visam facilitar a inovação enquanto equilibram a proteção dos investidores e a mitigação dos riscos.

Implicações para o Mercado e os Investidores

A regulação governamental tem implicações significativas para o mercado de criptomoedas e para os investidores. Uma regulação clara e equilibrada pode trazer maior segurança e confiança aos investidores, promover a adoção em massa e impulsionar o crescimento do mercado. Por outro lado, uma regulação excessivamente restritiva pode sufocar a inovação e restringir o potencial das criptomoedas como uma classe de ativos. A incerteza regulatória também pode gerar volatilidade e incertezas para os investidores.

Conclusão

A regulação governamental das criptomoedas é um tópico complexo e em constante evolução. A abordagem regulatória adotada por diferentes países afetará diretamente o desenvolvimento e a adoção das criptomoedas. É essencial que os governos encontrem o equilíbrio adequado entre a proteção dos investidores e a promoção da inovação, para que o potencial das criptomoedas possa ser aproveitado de forma responsável e sustentável.

ANÁLISE DAS PARCERIAS E INTEGRAÇÕES EM CRIPTOMOEDAS

As parcerias e integrações desempenham um papel significativo no ecossistema das criptomoedas. Neste capítulo, exploraremos a importância da análise das parcerias e integrações e como elas podem afetar o valor e a adoção de uma criptomoeda. Vamos mergulhar nos detalhes complexos desse assunto, examinando diferentes tipos de parcerias e integrações, seus impactos potenciais e exemplos reais para uma compreensão abrangente.

Parcerias Estratégicas

As parcerias estratégicas envolvem colaborações entre projetos de criptomoedas e outras empresas, instituições financeiras ou organizações relevantes. Essas parcerias podem ter diversos objetivos, como promover a adoção em massa, explorar novos casos de uso ou melhorar a infraestrutura da criptomoeda. Um exemplo notável é a parceria entre a Ripple (XRP) e a MoneyGram, que visa facilitar remessas internacionais de maneira eficiente e econômica.

É fundamental analisar as parcerias estratégicas em termos de sinergia, alinhamento de objetivos e impacto potencial no valor da criptomoeda. Além disso, considere a reputação e a credibilidade das empresas envolvidas na parceria, bem como o progresso e os resultados alcançados até o momento.

Integrações De Protocolo

As integrações de protocolo envolvem a incorporação de uma criptomoeda em outros protocolos ou plataformas existentes. Isso permite que a criptomoeda seja usada como um meio de troca ou como parte de serviços e aplicativos desenvolvidos por terceiros. Por exemplo, a integração da Chainlink (LINK) com o Ethereum (ETH) permite que contratos inteligentes acessem dados do mundo real, adicionando valor e utilidade ao ecossistema do Ethereum.

Ao analisar integrações de protocolo, é crucial avaliar a relevância da plataforma ou protocolo em questão, o impacto potencial no caso de uso da criptomoeda e a qualidade da implementação técnica. Além disso, considere a adesão e o interesse da comunidade em relação à integração, pois isso pode afetar a demanda pela criptomoeda.

Parcerias De Uso E Adoção

As parcerias de uso e adoção visam estabelecer colaborações com empresas ou setores específicos para promover o uso prático da criptomoeda. Essas parcerias podem incluir acordos para aceitar a criptomoeda como forma de pagamento ou para integrá-la em sistemas de pagamento existentes. Um exemplo é a parceria entre a Binance (BNB) e a TravelbyBit, que permite que os viajantes paguem por serviços de viagem com criptomoedas.

Ao analisar parcerias de uso e adoção, é importante considerar o tamanho do mercado-alvo, a relevância da indústria em relação à criptomoeda e o potencial de crescimento em termos de adoção em massa. Além disso, avalie a solidez dos fundamentos da criptomoeda, como escalabilidade e velocidade de transação, para garantir uma experiência de uso suave e eficiente.

Exemplos De Parcerias E Integrações De Destaque

Para ilustrar a importância e o impacto das parcerias e integrações, vamos explorar alguns exemplos notáveis no espaço das criptomoedas:

Parceria entre a VeChain (VET) e a DNV GL: A VeChain estabeleceu uma parceria estratégica com a DNV GL, uma das principais empresas de certificação e verificação do mundo. Essa parceria visa fornecer soluções de rastreabilidade e autenticidade para a cadeia de suprimentos, utilizando tecnologia blockchain. Isso aumenta a transparência e a confiança nas informações sobre produtos, beneficiando tanto empresas quanto consumidores.

Integração do MakerDAO (MKR) com o Aave: O MakerDAO, um projeto baseado em Ethereum, integrou sua stablecoin DAI ao Aave, um dos principais protocolos de empréstimo e empréstimo descentralizados. Essa integração permite que os usuários do Aave emprestem e peçam empréstimos usando DAI como garantia, aumentando a utilidade e a liquidez da stablecoin.

Parceria entre a Cardano (ADA) e a governança de El Salvador: A Cardano fechou uma parceria com o governo de El Salvador para explorar oportunidades de adoção de blockchain e criptomoedas em várias áreas, como identidade digital, votação eletrônica e inclusão financeira. Essa parceria busca impulsionar a transformação digital do país e promover a inclusão financeira por meio da tecnologia blockchain.

Esses exemplos ilustram como as parcerias e integrações podem impulsionar a inovação, aumentar a utilidade e a adoção de uma criptomoeda, bem como abrir novos mercados e casos de uso. No entanto, é importante realizar uma análise completa de cada parceria ou integração em termos de seus fundamentos, impacto potencial e compatibilidade com a visão e os objetivos da criptomoeda.

AVALIANDO A ADOÇÃO DE CRIPTOMOEDAS EM SETORES ESPECÍFICOS

A adoção de criptomoedas está em constante crescimento e tem o potencial de impactar diversos setores da economia. Neste capítulo, iremos explorar a fundo a adoção de criptomoedas em setores específicos, analisando os desafios, oportunidades e impactos dessa tecnologia disruptiva. Investigaremos como as criptomoedas estão sendo utilizadas em setores como finanças, varejo, imobiliário, saúde e logística, entre outros.

Finanças E Serviços Bancários

A indústria financeira é uma das primeiras a adotar as criptomoedas. As criptomoedas estão desafiando os sistemas tradicionais de pagamento, transferência de fundos e serviços bancários.

Varejo E Comércio Eletrônico

O setor de varejo está começando a experimentar a adoção de criptomoedas como forma de pagamento. Existem benefícios e desafios enfrentados pelos varejistas ao aceitar criptomoedas, como a redução de taxas de transação, a eliminação de intermediários e a expansão do alcance global.

Imobiliário E Propriedade

O setor imobiliário pode se beneficiar da tecnologia blockchain e das criptomoedas em várias áreas, como tokenização de ativos, registro de propriedade, transações imobiliárias e crowdfunding imobiliário. Exploraremos as vantagens da tokenização de imóveis, que permite a divisão de propriedades em tokens transferíveis, facilitando o investimento e a liquidez. Abordaremos também os desafios regulatórios e legais relacionados à adoção de criptomoedas no setor imobiliário.

Saúde E Assistência Médica

A aplicação de criptomoedas no setor de saúde tem o potencial de melhorar a interoperabilidade de registros médicos, a privacidade do paciente e a segurança dos dados.

Logística E Cadeia De Suprimentos

A tecnologia blockchain pode trazer transparência e eficiência para a logística e a cadeia de suprimentos. As criptomoedas podem ser usadas para rastrear e verificar a procedência de produtos, reduzir fraudes, simplificar processos de pagamento e agilizar a logística internacional.

Setor Público E Governo

As criptomoedas tambem estao sendo consideradas como uma opção para governos e setor público. Os governos estão explorando a adoção de criptomoedas para pagamentos de impostos, programas de benefícios sociais, emissão de moedas digitais nacionais (CBDCs) e transparência em contratos governamentais.

A adoção de criptomoedas em setores específicos apresenta desafios únicos, mas também oportunidades transformadoras. À medida que a tecnologia blockchain evolui e se torna mais amplamente aceita, é essencial compreender as implicações em cada setor e como as criptomoedas podem impactar positivamente a eficiência, segurança e inclusão.

Ao explorar a adoção de criptomoedas em setores específicos, é fundamental considerar os aspectos técnicos, regulatórios, econômicos e sociais envolvidos. Cada setor terá suas próprias nuances e desafios específicos a serem superados, mas o potencial de transformação é evidente.

A INFLUÊNCIA DA MÍDIA NA PERCEPÇÃO DAS CRIPTOMOEDAS

A mídia desempenha um papel significativo na forma como as criptomoedas são percebidas e compreendidas pelo público em geral. Neste capítulo, exploraremos em profundidade a influência da mídia na percepção das criptomoedas e como ela pode moldar a opinião pública, além de discutir o potencial de manipulação das informações para beneficiar bancos privados, instituições financeiras e até mesmo governos.

O Poder da Mídia na Formação da Opinião Pública

A mídia desempenha um papel central na disseminação de informações e na formação da opinião pública. Ela tem o poder de moldar a narrativa em torno das criptomoedas, influenciando a forma como as pessoas as percebem. As reportagens, artigos e programas de televisão podem criar tanto entusiasmo quanto medo e desconfiança em relação às criptomoedas, dependendo de como são apresentadas.

Viés e Sensacionalismo

A mídia muitas vezes está sujeita a viés e sensacionalismo ao relatar sobre as criptomoedas. Alguns veículos de comunicação podem apresentar as criptomoedas como uma ameaça ao sistema financeiro estabelecido, enfatizando os riscos e a volatilidade, enquanto outros podem exagerar os benefícios e o potencial de enriquecimento rápido. É importante ter discernimento ao consumir informações da mídia e buscar fontes confiáveis e imparciais.

Manipulação de Informações para Beneficiar Instituições Financeiras

A mídia também pode ser influenciada por interesses de instituições financeiras, bancos privados e governos. Essas entidades podem ter incentivos para promover uma narrativa negativa em relação às criptomoedas, pois podem ver nelas uma ameaça ao seu poder e controle sobre o sistema financeiro tradicional. Isso pode levar à manipulação de informações para minar a confiança nas criptomoedas e promover alternativas centralizadas.

Propaganda Anti-Criptomoedas

Algumas instituições financeiras e governos têm usado estratégias de propaganda para desencorajar o uso e adoção das criptomoedas. Essas estratégias podem incluir campanhas de desinformação, criação de medo em torno de questões de segurança e associação das criptomoedas com atividades ilegais. É importante estar ciente dessas táticas e buscar informações de fontes confiáveis e imparciais.

Responsabilidade do Consumidor de Mídia

Como consumidores de mídia, é fundamental assumir a responsabilidade de avaliar criticamente as informações que nos são apresentadas. Devemos questionar a objetividade das reportagens, buscar diferentes perspectivas e fontes confiáveis e considerar o contexto em que as informações estão sendo apresentadas. A educação financeira e o entendimento dos princípios das criptomoedas também podem ajudar a desenvolver uma visão mais informada e crítica.

O Papel das Mídias Alternativas

As mídias alternativas, como blogs, canais do YouTube e comunidades online, têm desempenhado um papel importante na disseminação de informações sobre criptomoedas. Essas fontes independentes muitas vezes oferecem perspectivas diferentes das mídias tradicionais e podem fornecer uma visão mais equilibrada e transparente. É importante buscar uma variedade de fontes ao pesquisar sobre criptomoedas e considerar diferentes pontos de vista.

A influência da mídia na percepção das criptomoedas é um tema complexo e multifacetado. Devemos estar cientes dos possíveis vieses e manipulações, buscando informações de fontes confiáveis e tomando decisões informadas com base em uma compreensão aprofundada das criptomoedas e seus princípios subjacentes.

AVALIAÇÃO DE EVENTOS E NOTÍCIAS RELEVANTES PARA CRIPTOMOEDAS

Em um mercado volátil e em constante evolução como o das criptomoedas, a capacidade de avaliar eventos e notícias relevantes de maneira precisa e fundamentada é essencial para os investidores. Neste capítulo, exploraremos os aspectos mais complexos relacionados à avaliação de eventos e notícias no contexto das criptomoedas. Discutiremos estratégias avançadas de análise, os desafios associados à interpretação de eventos e notícias, e como tomar decisões informadas em um ambiente de informações em constante fluxo.

Contextualizando Eventos E Notícias

A primeira etapa para avaliar eventos e notícias relevantes para as criptomoedas é contextualizá-los dentro do cenário mais amplo do mercado. Isso envolve entender o contexto econômico, regulatório e tecnológico no qual as criptomoedas operam. Além disso, é crucial estar ciente dos principais eventos e desenvolvimentos recentes no setor das criptomoedas, como atualizações de protocolo, parcerias estratégicas ou mudanças regulatórias. Essa compreensão contextual fornecerá uma base sólida para interpretar as informações que surgem.

Fontes De Informação E Credibilidade

A avaliação de eventos e notícias requer acesso a fontes de informação confiáveis e atualizadas. É importante conhecer e utilizar fontes respeitáveis, como publicações especializadas, sites de notícias de renome, relatórios de pesquisa e fontes oficiais de projetos de criptomoedas. Verificar a credibilidade das fontes e buscar diferentes perspectivas é fundamental para obter uma visão abrangente e precisa dos eventos e notícias.

Análise De Impacto De Eventos E Notícias

A avaliação do impacto de eventos e notícias no mercado das criptomoedas é um desafio complexo. Alguns eventos podem ter impactos imediatos e diretos nos preços das criptomoedas, como anúncios de parcerias estratégicas ou mudanças regulatórias significativas. No entanto, outros eventos podem ter um efeito mais sutil e de longo prazo, como atualizações de protocolo ou desenvolvimentos tecnológicos.

Para avaliar o impacto de um evento ou notícia, é necessário considerar diferentes fatores, como o contexto do evento, a relevância para a tecnologia subjacente da criptomoeda, a opinião da comunidade, a reação dos investidores e a tendência geral do mercado. Uma abordagem analítica, combinada com a experiência do investidor, pode ajudar a identificar o verdadeiro impacto de um evento no mercado.

Análise Fundamentalista Aplicada A Eventos E Notícias

A análise fundamentalista desempenha um papel importante na avaliação de eventos e notícias. Ela envolve a análise dos fundamentos econômicos, tecnológicos e de mercado de uma criptomoeda para determinar seu valor intrínseco e potencial de crescimento. Ao avaliar eventos e notícias, é necessário considerar como eles se encaixam nos fundamentos da criptomoeda em questão e se eles têm o potencial de afetar esses fundamentos de forma significativa.

Avaliar o impacto potencial de um evento requer uma análise aprofundada dos seguintes fatores:

Relevância: O evento ou notícia é relevante para a criptomoeda em análise? Ele está diretamente relacionado aos fundamentos da criptomoeda ou à sua adoção e uso?

Alcance e Magnitude: Qual é o alcance e a magnitude do evento? Ele afeta apenas uma criptomoeda específica ou tem implicações mais amplas para todo o mercado de criptomoedas?

Timing: O evento ocorre em um momento estratégico que pode influenciar o mercado? Ele coincide com outros eventos importantes ou desenvolvimentos do mercado?

Reação da Comunidade: Como a comunidade de usuários e investidores está reagindo ao evento? A reação é positiva, negativa ou neutra? Quais são os principais argumentos apresentados?

Tendências de Mercado: Qual é a tendência geral do mercado? O evento está alinhado com a tendência atual ou contradiz as expectativas do mercado?

Avaliar eventos e notícias relevantes para criptomoedas é um processo desafiador, que exige um entendimento aprofundado do mercado, uma análise criteriosa dos fundamentos e uma abordagem analítica para interpretar as informações disponíveis. A capacidade de avaliar eventos e notícias de forma objetiva e fundamentada pode ajudar os investidores a tomar decisões informadas e maximizar seu potencial de sucesso no mercado de criptomoedas.

ANÁLISE DE INDICADORES FINANCEIROS PARA CRIPTOMOEDAS

A análise de indicadores financeiros desempenha um papel crucial na avaliação do desempenho e na tomada de decisões de investimento em criptomoedas. Neste capítulo, exploraremos os temas mais complexos relacionados à análise de indicadores financeiros, fornecendo uma visão aprofundada dessas ferramentas e métricas para uma análise fundamentalista sólida.

Volume de Negociação: O volume de negociação é um indicador-chave que mede a quantidade de uma criptomoeda sendo negociada em um determinado período de tempo. Um aumento significativo no volume de negociação pode indicar interesse crescente e atividade no mercado, enquanto um volume baixo pode sugerir falta de liquidez e interesse limitado. Ao analisar o volume de negociação, é importante considerar a relação entre o volume e o preço, buscando por divergências que possam indicar possíveis mudanças de tendência.

Liquidez: A liquidez é um indicador importante para determinar a facilidade de compra e venda de uma criptomoeda sem afetar significativamente seu preço. Criptomoedas com alta liquidez geralmente têm spreads menores entre as ordens de compra e venda, o que facilita a entrada e saída do mercado. Além disso, uma alta liquidez também reduz o risco de manipulação de preços. Ao analisar a liquidez, é importante considerar o volume de negociação, a presença em diferentes plataformas de negociação e o tamanho do livro de ordens.

Market Cap: A capitalização de mercado é calculada multiplicando o preço atual de uma criptomoeda pelo número total de tokens em circulação. Esse indicador fornece uma estimativa do valor total de mercado da criptomoeda. A capitalização de mercado pode ser usada para comparar o tamanho relativo de diferentes criptomoedas e para avaliar seu potencial de crescimento. No entanto, é importante considerar que a capitalização de mercado pode ser influenciada por fatores como inflação de token e circulação restrita.

Retorno sobre o Investimento (ROI): O ROI é um indicador que mede o retorno percentual obtido a partir de um investimento em criptomoeda. Ele calcula a diferença entre o preço inicial e o preço atual, levando em consideração os dividendos ou outros benefícios recebidos durante o período de detenção. O ROI é uma métrica útil para avaliar o desempenho histórico de uma criptomoeda e compará-la com outros ativos de investimento. No entanto, é importante considerar o horizonte de tempo e os riscos associados ao investimento.

Índice de Sharpe: O índice de Sharpe é uma métrica que mede a relação entre o retorno de um ativo e o risco assumido para obter esse retorno. Ele leva em consideração a taxa livre de risco (como a taxa de juros de um título do governo) e a volatilidade do ativo. O índice de Sharpe pode ser usado para avaliar a eficiência do investimento em criptomoedas, permitindo comparar diferentes ativos com base em seu retorno ajustado ao risco. No entanto, é importante lembrar que a volatilidade das criptomoedas pode ser significativamente maior em comparação com outros ativos tradicionais.

Métricas On-Chain: As métricas on-chain fornecem informações sobre a atividade e o comportamento dos participantes da rede de uma criptomoeda. Essas métricas incluem o número de transações, endereços ativos, taxa de adoção e participação na rede. A análise das métricas on-chain pode fornecer insights sobre o crescimento da rede, a demanda e a utilização da criptomoeda, bem como identificar possíveis tendências ou mudanças de comportamento dos investidores.

Análise Fundamentalista de Mercado: Além dos indicadores financeiros específicos, é importante considerar também a análise fundamentalista de mercado, que envolve a avaliação de fatores macroeconômicos, regulatórios, tecnológicos e sociais que podem influenciar o valor de uma criptomoeda. Essa análise abrangente ajuda a entender o contexto mais amplo em que a criptomoeda está inserida e a identificar oportunidades e riscos associados.

É importante ressaltar que a análise de indicadores financeiros para criptomoedas é um campo em constante evolução, e novas métricas e ferramentas estão sendo desenvolvidas. Os investidores devem estar atualizados com as últimas tendências e pesquisas no campo da análise de criptomoedas.

ANÁLISE COMPARATIVA ENTRE DIFERENTES CRIPTOMOEDAS

A análise comparativa entre diferentes criptomoedas desempenha um papel fundamental na tomada de decisões informadas de investimento. Neste capítulo, exploraremos os aspectos mais complexos relacionados a essa análise, examinando os critérios e métricas utilizados para comparar criptomoedas, bem como exemplos de comparações históricas entre algumas das principais moedas digitais.

Critérios De Comparação

Para realizar uma análise comparativa eficaz entre criptomoedas, é necessário estabelecer critérios de comparação consistentes. Alguns dos critérios comumente utilizados incluem:

Tecnologia e Infraestrutura: Avaliar a tecnologia subjacente de uma criptomoeda é essencial. Aspectos como a escalabilidade da rede, a eficiência do algoritmo de consenso, as funcionalidades da blockchain e a capacidade de desenvolvimento contínuo são considerados. Exemplo de comparação: Bitcoin versus Ethereum em relação à capacidade de processamento de transações.

Segurança e Consenso: A segurança é um fator crítico em qualquer criptomoeda. Comparar a resistência a ataques e a vulnerabilidades de segurança é essencial. Além disso, analisar os diferentes mecanismos de consenso utilizados pelas moedas digitais é importante para entender sua confiabilidade e descentralização. Exemplo de comparação: Bitcoin versus Litecoin em relação ao algoritmo de consenso e segurança.

Adoção e Uso: O nível de adoção e uso de uma criptomoeda pode ser um indicador de seu valor e potencial futuro. Comparar fatores como aceitação comercial, integração em plataformas e carteiras, e popularidade entre os usuários é fundamental para avaliar o alcance da moeda digital. Exemplo de comparação: Bitcoin versus Ripple em relação à adoção em instituições financeiras.

Equipe e Comunidade: A equipe por trás de uma criptomoeda e a participação ativa da comunidade podem desempenhar um papel importante em seu sucesso. Comparar a experiência da equipe, a governança comunitária e o envolvimento dos usuários pode fornecer insights sobre o potencial de crescimento e desenvolvimento contínuo da moeda digital. Exemplo de comparação: Ethereum versus Cardano em relação à governança e participação da comunidade.

Escassez e Distribuição de Tokens: A oferta limitada e a distribuição equitativa dos tokens podem influenciar o valor de uma criptomoeda. Comparar a política monetária e a distribuição de tokens entre diferentes moedas digitais pode ajudar a entender seu potencial de valorização. Exemplo de comparação: Bitcoin versus Bitcoin Cash em relação à distribuição de tokens.

Exemplos De Análise Comparativa

Agora, vamos analisar alguns exemplos históricos de comparação entre diferentes criptomoedas para ilustrar como a análise comparativa pode ser aplicada na prática:

Bitcoin versus Ethereum (Tecnologia e Infraestrutura)

A comparação entre Bitcoin e Ethereum destaca as diferenças em suas funcionalidades. O Bitcoin é conhecido principalmente como uma reserva de valor digital, enquanto o Ethereum se destaca por sua capacidade de executar contratos inteligentes e aplicativos descentralizados. Essa análise permite avaliar quais projetos são mais adequados para diferentes casos de uso.

Ripple versus Stellar (Adoção e Uso)
Ao comparar Ripple e Stellar, é possível observar suas diferenças na adoção institucional e uso para pagamentos internacionais. Enquanto o Ripple foca em parcerias com instituições financeiras, o Stellar busca promover inclusão financeira em regiões subatendidas. Essa análise permite entender qual projeto está alcançando maior adoção em diferentes setores.

Litecoin versus Dash (Segurança e Consenso)
A comparação entre Litecoin e Dash em relação à segurança e ao consenso revela diferenças em seus algoritmos. Enquanto o Litecoin utiliza o algoritmo de consenso Proof of Work (PoW), o Dash utiliza um sistema híbrido chamado X11. Essa análise permite avaliar a resistência a ataques e a descentralização de cada projeto.

Considerações Finais

A análise comparativa entre diferentes criptomoedas é uma

ferramenta poderosa para auxiliar na tomada de decisões de investimento informadas. É importante lembrar que a análise deve ser realizada de forma abrangente e considerar os diversos critérios mencionados anteriormente.

Além disso, é fundamental manter-se atualizado com as novidades do mercado, pois as criptomoedas estão em constante evolução. O acompanhamento de notícias, análises e desenvolvimentos tecnológicos é crucial para uma análise comparativa precisa e atualizada.

AVALIANDO A SEGURANÇA E A PRIVACIDADE DAS CRIPTOMOEDAS

A segurança e a privacidade são dois dos aspectos mais críticos a serem considerados ao avaliar uma criptomoeda. Neste capítulo, mergulharemos profundamente nesses temas complexos, explorando os principais desafios, as soluções existentes e as melhores práticas para garantir a segurança e a privacidade em transações e carteiras de criptomoedas.

Introdução À Segurança Das Criptomoedas

A segurança e a privacidade são dois dos aspectos mais críticos a serem considerados ao avaliar uma criptomoeda.

Criptografia e Assinaturas Digitais

Exploraremos os princípios básicos da criptografia utilizados nas criptomoedas, incluindo criptografia assimétrica e algoritmos de hash. Discutiremos como as assinaturas digitais são usadas para autenticar transações e garantir a integridade dos dados. Além disso, abordaremos a importância de algoritmos de hash seguros para proteger as transações e as chaves privadas dos usuários.

Carteiras de Criptomoedas

As carteiras de criptomoedas são fundamentais para armazenar e gerenciar ativos digitais. Discutiremos os diferentes tipos de carteiras, como carteiras de hardware, carteiras de software, carteiras móveis e carteiras online. Avaliaremos a segurança dessas carteiras, destacando as melhores práticas para proteger as chaves privadas e evitar possíveis vulnerabilidades.

Exchanges e Trading de Criptomoedas

As exchanges desempenham um papel importante na negociação de criptomoedas. Analisaremos as medidas de segurança implementadas pelas exchanges para proteger os fundos dos usuários e evitar ataques. Abordaremos também a importância da autenticação de dois fatores (2FA) e da verificação de identidade para garantir a segurança das contas dos usuários. Além disso, discutiremos os riscos associados à centralização das exchanges e a crescente necessidade de soluções descentralizadas para negociação de criptomoedas.

Privacidade nas Criptomoedas

Privacidade é uma preocupação crescente no mundo digital, e as criptomoedas não são exceção. Discutiremos as diferenças entre transações transparentes e transações privadas, destacando criptomoedas projetadas especificamente para fornecer recursos de privacidade, como o Zcash e o Monero. Abordaremos também as técnicas utilizadas para aumentar a privacidade das transações, como misturadores de moedas e assinaturas de anel.

Segurança em Contratos Inteligentes e DApps

Os contratos inteligentes e as aplicações descentralizadas (DApps) têm ganhado popularidade, mas também apresentam desafios de segurança únicos. Discutiremos as vulnerabilidades comuns em contratos inteligentes, como o famoso caso do DAO, e as melhores práticas para mitigar esses riscos. Abordaremos também os desafios de segurança enfrentados pelas DApps e como os desenvolvedores podem garantir a segurança em seus projetos.

Auditoria de Segurança e Certificações

A auditoria de segurança é uma prática essencial para garantir a integridade e a confiabilidade das criptomoedas. Exploraremos os diferentes tipos de auditoria de segurança, incluindo revisões de código, testes de penetração e análises de vulnerabilidades. Além disso, discutiremos as certificações de segurança disponíveis para projetos de criptomoedas e como elas podem fornecer confiança adicional aos usuários e investidores.

O Futuro da Segurança e Privacidade nas Criptomoedas
Finalmente, discutiremos as tendências e os desenvolvimentos futuros relacionados à segurança e privacidade nas criptomoedas. Abordaremos tecnologias emergentes, como a computação segura em blockchain e a implementação de recursos de privacidade aprimorados. Também discutiremos os desafios regulatórios relacionados à segurança e privacidade, bem como o papel da comunidade e das empresas na promoção de práticas seguras.

Avaliar a segurança e a privacidade das criptomoedas é crucial para proteger seus investimentos e garantir transações seguras e confiáveis. Ao compreender os desafios e as soluções relacionadas a esses temas complexos, você estará mais bem preparado para tomar decisões informadas ao investir e utilizar criptomoedas.

Criptografia E Assinaturas Digitais

A criptografia é uma técnica que utiliza algoritmos matemáticos para transformar informações em formato ilegível, conhecido como texto cifrado, de modo que apenas as partes autorizadas possam decifrá-lo e obter as informações originais. Existem dois tipos principais de criptografia: a criptografia simétrica e a criptografia assimétrica.

Na criptografia simétrica, também chamada de criptografia de chave única, é utilizada uma única chave para tanto a criptografia quanto a decodificação das informações. Ambas as partes envolvidas na comunicação devem possuir a mesma chave para que possam trocar informações de forma segura. No contexto das criptomoedas, a criptografia simétrica é utilizada para proteger a confidencialidade das carteiras e transações, evitando que terceiros não autorizados tenham acesso aos dados sensíveis.

Já na criptografia assimétrica, ou criptografia de chave pública, são utilizadas duas chaves diferentes: uma chave privada e uma chave pública. A chave privada é mantida em sigilo pelo proprietário e é usada para decifrar mensagens criptografadas com a chave pública correspondente. A chave pública, por sua vez, é distribuída livremente para que outros possam criptografar mensagens destinadas ao proprietário da chave privada. Nas criptomoedas, a criptografia assimétrica desempenha um papel crucial nas assinaturas digitais.

As assinaturas digitais são utilizadas para verificar a autenticidade e a integridade das transações nas criptomoedas. Elas funcionam de maneira semelhante às assinaturas manuscritas em documentos físicos, mas de forma digital. Ao enviar uma transação, o remetente utiliza sua chave privada para criar uma assinatura digital exclusiva para aquela transação. Essa assinatura é anexada à transação e pode ser verificada por qualquer pessoa com acesso à chave pública correspondente ao remetente. Dessa forma, é possível garantir que a transação foi realmente enviada pelo proprietário da chave privada e que seu conteúdo não foi alterado.

A utilização de criptografia e assinaturas digitais nas criptomoedas oferece diversos benefícios em termos de segurança. Elas garantem a confidencialidade das informações, protegendo as carteiras e transações contra acesso não autorizado. Além disso, as assinaturas digitais proporcionam autenticidade e integridade, garantindo que as transações sejam originadas por seus devidos remetentes e que não tenham sofrido alterações durante o processo.

No entanto, é importante ressaltar que a segurança das criptomoedas não depende apenas da criptografia e das assinaturas digitais, mas também da proteção adequada das chaves privadas pelos usuários. O uso de carteiras seguras, como as carteiras de hardware, e a adoção de boas práticas de segurança, como a utilização de senhas fortes e a autenticação de dois fatores, são essenciais para proteger as chaves privadas e, consequentemente, os ativos digitais.

Carteiras De Criptomoedas

Uma carteira de criptomoedas é um software, dispositivo físico ou serviço online que permite aos usuários interagir com suas moedas digitais. Elas são projetadas para fornecer uma interface amigável e segura para armazenar, enviar e receber criptomoedas. Existem várias opções disponíveis, cada uma com suas próprias características e níveis de segurança.

Tipos de Carteiras de Criptomoedas

a) Carteiras de Software: São aplicativos ou programas instalados em dispositivos, como computadores desktop, smartphones ou tablets. Elas permitem que os usuários tenham controle direto sobre suas chaves privadas e oferecem opções de armazenamento local ou baseado em nuvem. Exemplos populares incluem Exodus, Electrum e MyEtherWallet.

b) Carteiras de Hardware: São dispositivos físicos projetados especificamente para armazenar chaves privadas offline. Essas carteiras oferecem um alto nível de segurança, pois as chaves privadas nunca são expostas à internet. Exemplos notáveis são Ledger Nano S, Trezor e KeepKey.

c) Carteiras de Papel: São formas físicas de armazenar as chaves privadas em papel. Nesse método, as chaves são impressas em um pedaço de papel e devem ser mantidas em local seguro. Essa opção é altamente segura, pois está completamente desconectada da internet. No entanto, é importante tomar cuidado para não perder ou danificar o papel.

d) Carteiras Online: Também conhecidas como carteiras web, são oferecidas por serviços online e permitem que os usuários acessem suas criptomoedas através de uma interface baseada em navegador. Embora sejam convenientes, essas carteiras estão mais expostas a riscos de segurança, já que as chaves privadas são armazenadas nos servidores do provedor. É crucial escolher serviços confiáveis e habilitar medidas de segurança adicionais, como autenticação de dois fatores (2FA).

Segurança das Carteiras de Criptomoedas
A segurança é uma consideração crucial ao escolher uma carteira de criptomoedas. Independentemente do tipo de carteira escolhido, existem algumas medidas importantes a serem seguidas para garantir a proteção dos ativos digitais:

a) Backup adequado: Realizar backups regulares das chaves privadas é fundamental para evitar a perda de acesso aos fundos em caso de falha do dispositivo ou perda do mesmo. Manter cópias de backup em locais seguros e de preferência offline é altamente recomendado.

b) Senhas fortes: Utilize senhas fortes e exclusivas para proteger o acesso às carteiras de software ou serviços online. Evite usar senhas óbvias ou comuns que possam ser facilmente adivinhadas.

c) Atualizações e correções: Mantenha a carteira atualizada com as versões mais recentes de software e firmware. As atualizações geralmente contêm correções de segurança e melhorias na estabilidade da carteira.

d) Autenticação de dois fatores (2FA): Ative a autenticação de dois fatores sempre que possível. Essa camada adicional de segurança ajuda a proteger o acesso à carteira, exigindo uma segunda forma de autenticação, como um código gerado em um aplicativo ou um token físico.

e) Verificação da origem: Ao escolher uma carteira de software ou serviço online, verifique se ela é proveniente de uma fonte confiável. Baixar aplicativos de lojas oficiais e verificar a autenticidade dos sites são práticas importantes para evitar o uso de carteiras falsas ou maliciosas.

Melhores Práticas para o Uso de Carteiras de Criptomoedas
Além das medidas de segurança mencionadas acima, algumas melhores práticas podem ajudar a garantir uma experiência positiva no uso de carteiras de criptomoedas:

a) Diversificação: Considere a utilização de diferentes tipos de carteiras e distribua seus ativos em várias carteiras para reduzir os riscos de perda total em caso de falha ou comprometimento de uma única carteira.

b) Manutenção de software: Mantenha seu sistema operacional, aplicativos e carteiras atualizados com as versões mais recentes para evitar vulnerabilidades conhecidas.

c) Conscientização sobre phishing: Esteja atento a tentativas de phishing, onde golpistas tentam enganá-lo para obter suas informações de acesso. Verifique sempre a URL e evite clicar em links suspeitos ou fornecer informações confidenciais em sites não confiáveis.

d) Armazenamento offline: Considere a utilização de carteiras de hardware ou carteiras de papel para armazenar a maioria dos seus ativos. Mantenha apenas a quantidade de criptomoedas necessária para transações diárias em carteiras online.

e) Pesquisa e análise: Antes de escolher uma carteira, faça uma pesquisa detalhada, leia avaliações e verifique a reputação do fornecedor. Esteja atento a possíveis problemas de segurança anteriores e escolha uma carteira com uma comunidade ativa de usuários e suporte confiável.

Ao considerar todos esses aspectos, você estará melhor preparado para escolher e utilizar carteiras de criptomoedas de forma segura e eficiente. Lembre-se de que a segurança de seus ativos digitais depende principalmente de suas próprias práticas de segurança e da conscientização em relação às ameaças em constante evolução.

Exchanges E Trading De Criptomoedas

Uma das principais preocupações ao lidar com exchanges é a segurança dos fundos dos usuários. É essencial escolher uma exchange que implemente medidas de segurança robustas, como criptografia de dados, autenticação de dois fatores (2FA) e armazenamento seguro dos ativos digitais. A exchange deve ter protocolos e práticas de segurança bem estabelecidos para proteger as informações pessoais e os saldos dos usuários.

Outro aspecto importante a ser considerado é a reputação da exchange. Pesquisar sobre a exchange em fóruns, sites especializados e redes sociais pode fornecer informações valiosas sobre a confiabilidade e a experiência de outros usuários. É essencial escolher uma exchange com uma boa reputação e um histórico sólido no mercado.

Além disso, a verificação de identidade é uma prática comum em muitas exchanges, especialmente aquelas que lidam com moedas fiduciárias. Embora a verificação de identidade possa parecer um incômodo para alguns usuários, ela desempenha um papel importante na segurança e na prevenção de atividades ilícitas, como lavagem de dinheiro e financiamento do terrorismo. Uma exchange que exige uma verificação adequada pode ser considerada mais confiável e segura.

No entanto, a centralização das exchanges também apresenta riscos. Uma exchange centralizada controla a custódia dos ativos dos usuários, o que significa que os usuários estão confiando seus fundos a uma entidade central. Isso pode deixar os usuários vulneráveis a ataques internos, hackers ou falhas na segurança da exchange. Para mitigar esses riscos, algumas pessoas optam por utilizar exchanges descentralizadas (DEXs), que permitem que os usuários mantenham o controle de suas chaves privadas e realizem transações diretamente na blockchain, sem a necessidade de uma entidade intermediária.

Outro ponto importante a ser considerado é a liquidez da exchange. Uma exchange com alta liquidez facilita a compra e venda de criptomoedas com rapidez e eficiência. Isso é especialmente relevante para os traders que buscam executar ordens de compra e venda em tempo hábil, aproveitando as oportunidades do mercado. Avaliar a liquidez de uma exchange pode ajudar a determinar se ela atende às suas necessidades de negociação.

Por fim, é importante estar atento a possíveis taxas cobradas pelas exchanges. As taxas podem variar amplamente entre as plataformas e podem incluir taxas de negociação, depósito e retirada. É recomendável avaliar cuidadosamente as estruturas de taxas das exchanges e considerar como essas taxas podem impactar seus lucros e investimentos.

Ao avaliar as exchanges e o trading de criptomoedas, a segurança dos fundos, a reputação da exchange, a verificação de identidade, a centralização versus descentralização, a liquidez e as taxas são fatores cruciais a serem considerados. Realizar uma pesquisa minuciosa, comparar diferentes plataformas e ler as avaliações dos usuários podem ajudar a tomar uma decisão informada e escolher uma exchange confiável e segura para realizar suas transações de criptomoedas.

Privacidade Nas Criptomoedas

Ao discutir a privacidade nas criptomoedas, é importante destacar que nem todas as criptomoedas são criadas com o mesmo nível de privacidade. Algumas moedas são projetadas especificamente para fornecer recursos avançados de privacidade, enquanto outras podem ter um nível menor de anonimato. Vamos explorar algumas das principais considerações relacionadas à privacidade nas criptomoedas:

Transações Transparentes vs. Transações Privadas:
Em muitas criptomoedas, como o Bitcoin, as transações são registradas em um livro-razão público conhecido como blockchain. Isso significa que qualquer pessoa pode ver o histórico de transações e rastrear o fluxo de fundos. Essas transações são consideradas transparentes e oferecem um alto nível de verificabilidade. No entanto, a transparência pode comprometer a privacidade dos usuários, pois informações pessoais podem ser vinculadas a endereços de criptomoedas.

Para aumentar a privacidade, algumas criptomoedas implementaram recursos para transações privadas. Por exemplo, o Zcash e o Monero utilizam técnicas avançadas de criptografia, como provas de conhecimento zero e assinaturas de anel, para ocultar informações de identificação nas transações. Essas criptomoedas permitem que os usuários realizem transações sem revelar informações pessoais ou endereços de destino.

Técnicas de Aumento de Privacidade:

Além das criptomoedas projetadas para oferecer privacidade, existem técnicas adicionais que podem ser usadas para aumentar a privacidade em outras criptomoedas. Uma dessas técnicas é o uso de misturadores de moedas, também conhecidos como tumblers. Essas ferramentas permitem que os usuários embaralhem suas moedas com as de outros usuários, dificultando a rastreabilidade das transações. Outra técnica é o uso de endereços descartáveis, onde um novo endereço é gerado para cada transação, reduzindo a vinculação de informações pessoais a um único endereço.

Desafios e Limitações:

Embora a privacidade seja uma preocupação importante nas criptomoedas, existem desafios e limitações a serem considerados. Um dos desafios é equilibrar a privacidade com a necessidade de conformidade regulatória e prevenção de atividades ilícitas, como lavagem de dinheiro e financiamento ao terrorismo. Os órgãos reguladores podem impor restrições às criptomoedas que oferecem altos níveis de privacidade, visando garantir a segurança financeira e a integridade do sistema financeiro.

Outro desafio é a escalabilidade. Implementar recursos avançados de privacidade pode aumentar a complexidade computacional e exigir mais recursos para processar as transações, o que pode impactar a velocidade e a eficiência das redes de criptomoedas.

Educação e Conscientização:

Para utilizar a privacidade nas criptomoedas de forma eficaz, é essencial que os usuários estejam bem informados e conscientes dos recursos disponíveis, bem como dos possíveis riscos. A educação sobre as melhores práticas de privacidade e o uso correto das ferramentas disponíveis são fundamentais para garantir a segurança e a confidencialidade das transações.

Segurança Em Contratos Inteligentes E Dapps

A segurança em contratos inteligentes e DApps (aplicações descentralizadas) é um tópico crítico no ecossistema das criptomoedas. Contratos inteligentes são programas executáveis que funcionam de forma automática e autônoma na blockchain, permitindo a realização de transações e a execução de acordos sem a necessidade de intermediários. Por outro lado, DApps são aplicativos descentralizados que utilizam a tecnologia blockchain para fornecer serviços e funcionalidades.

Embora os contratos inteligentes e as DApps ofereçam muitos benefícios, como a eliminação de intermediários e a transparência das transações, eles também apresentam desafios significativos de segurança. A falta de correção ou falhas em contratos inteligentes podem resultar em perdas financeiras substanciais e impactar a confiança na plataforma. Por isso, é crucial adotar medidas adequadas de segurança para mitigar riscos.

Uma das principais vulnerabilidades em contratos inteligentes é a presença de falhas de programação. Pequenos erros de codificação podem levar a consequências graves, permitindo que hackers explorem vulnerabilidades e roubem fundos. Um exemplo notório é o ataque ao DAO (Decentralized Autonomous Organization), onde um contrato inteligente mal projetado resultou no roubo de milhões de dólares em Ether.

Para melhorar a segurança em contratos inteligentes e DApps, é essencial seguir boas práticas de desenvolvimento. Isso inclui:

Revisão de código: Contratos inteligentes devem ser revisados por desenvolvedores experientes e passar por testes de segurança rigorosos para identificar potenciais vulnerabilidades.

Contratos padronizados: Utilizar contratos inteligentes padronizados e auditados pela comunidade pode reduzir o risco de falhas de segurança. Esses contratos são amplamente testados e revisados pela comunidade, aumentando a confiança em sua funcionalidade.

Testes de penetração: Realizar testes de penetração em contratos inteligentes pode ajudar a identificar vulnerabilidades e fraquezas. Esses testes simulam ataques de hackers para verificar a segurança do código.

Utilização de frameworks e bibliotecas seguras: Usar frameworks e bibliotecas bem estabelecidos e seguros pode reduzir o risco de erros de codificação e vulnerabilidades comuns.

Atualizações e patches: É fundamental monitorar as atualizações e correções de segurança relacionadas aos contratos inteligentes e DApps. Manter as versões atualizadas reduz o risco de exploração de vulnerabilidades conhecidas.

Além disso, é importante considerar a segurança dos usuários nas interações com DApps. A autenticação de dois fatores (2FA) pode ser implementada para proteger as contas dos usuários, juntamente com medidas adicionais de segurança, como a utilização de carteiras criptográficas seguras e a verificação de identidade.

Conforme o ecossistema de contratos inteligentes e DApps continua a evoluir, é fundamental a colaboração entre desenvolvedores, pesquisadores e a comunidade para identificar e abordar novas vulnerabilidades de segurança. A transparência e a auditoria contínua desempenham um papel crucial na criação de um ambiente mais seguro para contratos inteligentes e DApps.

Auditoria De Segurança E Certificações

A auditoria de segurança é um processo rigoroso que envolve revisões de código, testes de penetração e análises de vulnerabilidades. A revisão de código é um aspecto crucial da auditoria, em que especialistas analisam minuciosamente o código-fonte do projeto em busca de falhas de segurança, erros de programação e possíveis pontos de vulnerabilidade. Essa análise profunda permite identificar possíveis brechas e garantir que o código esteja alinhado com as melhores práticas de segurança.

Além disso, os testes de penetração são conduzidos para avaliar a resistência do sistema a ataques externos. Especialistas em segurança tentam explorar vulnerabilidades em potencial, simulando ataques para identificar pontos fracos e fornecer recomendações para fortalecer a segurança do projeto. Esses testes ajudam a garantir que a criptomoeda seja robusta o suficiente para resistir a tentativas de invasão e proteger os ativos dos usuários.

Outro aspecto importante da auditoria de segurança é a análise de vulnerabilidades. Nesse processo, são realizadas avaliações detalhadas das possíveis vulnerabilidades do projeto, como brechas de segurança, exposição a ataques de negação de serviço (DDoS) ou explorações de código malicioso. A identificação dessas vulnerabilidades permite que a equipe de desenvolvimento tome medidas para corrigi-las e proteger o projeto contra possíveis ataques.

Além da auditoria de segurança, as certificações desempenham um papel significativo na validação da segurança de uma criptomoeda. Existem várias organizações independentes que emitem certificações de segurança para projetos de criptomoedas que atendem a determinados critérios e padrões. Essas certificações podem fornecer aos usuários e investidores uma garantia adicional de que a criptomoeda foi submetida a uma avaliação rigorosa e atende a requisitos específicos de segurança.

As certificações de segurança podem incluir avaliações de conformidade, testes de segurança e conformidade regulatória. Por exemplo, uma criptomoeda pode obter uma certificação ISO/IEC 27001, que é um padrão reconhecido internacionalmente para sistemas de gestão de segurança da informação. Essas certificações ajudam a construir confiança na comunidade e demonstram o compromisso do projeto com a segurança e a proteção dos ativos dos usuários.

É importante ressaltar que a auditoria de segurança e as certificações não garantem uma proteção absoluta contra todos os riscos de segurança. No entanto, elas desempenham um papel essencial na identificação e mitigação de possíveis ameaças, fornecendo uma camada adicional de confiança aos usuários e investidores.

O Futuro Da Segurança E Privacidade Nas Criptomoedas

Conforme as ameaças cibernéticas se tornam mais sofisticadas, as criptomoedas estão buscando soluções de segurança em camadas para proteger os ativos dos usuários. Essas soluções combinam diferentes medidas de segurança, como criptografia robusta, autenticação multifator, detecção de atividades suspeitas e monitoramento em tempo real. Espera-se que o futuro das criptomoedas envolva a implementação de soluções de segurança mais avançadas para garantir a integridade das transações e a proteção dos fundos dos usuários.

Aperfeiçoamento das Carteiras de Hardware

As carteiras de hardware têm sido uma opção popular para armazenar criptomoedas com segurança. À medida que a demanda por essas carteiras aumenta, espera-se que haja um aperfeiçoamento contínuo desses dispositivos. O futuro das carteiras de hardware envolverá a adoção de tecnologias mais avançadas, como elementos seguros de armazenamento, autenticação biométrica e recursos de resistência a ataques físicos. Além disso, a integração com outras tecnologias, como smartphones e dispositivos vestíveis, também pode proporcionar uma experiência mais conveniente e segura para os usuários.

Avanços em Privacidade e Anonimato

A privacidade é um aspecto crucial das criptomoedas, e espera-se que haja avanços significativos nessa área. Criptomoedas focadas em privacidade, como o Monero e o Zcash, estão continuamente melhorando seus recursos para fornecer transações mais confidenciais e anônimas. No futuro, é provável que novas soluções e protocolos sejam desenvolvidos para aumentar ainda mais a privacidade nas transações. No entanto, é importante equilibrar a privacidade com os requisitos regulatórios e garantir que as criptomoedas não se tornem uma ferramenta para atividades ilícitas.

Descentralização e Segurança

A descentralização é um dos pilares fundamentais das criptomoedas, mas também pode apresentar desafios de segurança. No entanto, espera-se que a tecnologia blockchain continue a evoluir e aprimorar sua segurança, permitindo transações confiáveis e imutáveis em uma rede descentralizada. Soluções como os contratos inteligentes e a computação segura em blockchain podem fornecer uma base sólida para o desenvolvimento de aplicativos e serviços seguros e descentralizados.

Melhoria na Educação em Segurança

À medida que mais pessoas adotam as criptomoedas, a educação em segurança se torna crucial. Espera-se que haja um esforço contínuo para educar os usuários sobre as melhores práticas de segurança, desde a proteção das chaves privadas até a identificação de possíveis golpes e ameaças. Organizações e comunidades dedicadas à educação em criptomoedas desempenharão um papel vital na conscientização e na promoção de uma cultura de segurança entre os usuários.

Desafios Regulatórios e Éticos

À medida que as criptomoedas ganham mais destaque, os desafios regulatórios e éticos se tornam mais evidentes. Os governos e as instituições financeiras estão buscando maneiras de regular e controlar o uso das criptomoedas, principalmente em relação à lavagem de dinheiro e ao financiamento do terrorismo. Encontrar um equilíbrio entre a privacidade e a conformidade regulatória será um desafio contínuo no futuro das criptomoedas.

Avaliar a segurança e a privacidade das criptomoedas é crucial para proteger seus investimentos e garantir transações seguras e confiáveis. Ao compreender os desafios e as soluções relacionadas a esses temas complexos, você estará mais bem preparado para tomar decisões informadas ao investir e utilizar criptomoedas.

O PAPEL DAS COMUNIDADES E REDES SOCIAIS EM CRIPTOMOEDAS

As criptomoedas têm uma característica única em relação a outros ativos financeiros: elas são impulsionadas por comunidades ativas e engajadas. Neste capítulo, mergulharemos fundo no papel das comunidades e redes sociais no ecossistema das criptomoedas, explorando sua importância, impacto e desafios.

Introdução Às Comunidades De Criptomoedas

As comunidades de criptomoedas são formadas por indivíduos que compartilham um interesse comum em uma determinada criptomoeda ou no mercado de criptomoedas em geral. Essas comunidades são essenciais para o crescimento, adoção e governança das criptomoedas. Elas desempenham um papel vital na disseminação de informações, promoção, desenvolvimento e suporte contínuo às criptomoedas.

O Poder Das Redes Sociais No Ecossistema Das Criptomoedas

As redes sociais desempenham um papel significativo na forma como as informações e ideias são compartilhadas no ecossistema das criptomoedas. Plataformas como Twitter, Reddit, Telegram e Discord se tornaram canais populares para discussões, análises e interações entre membros da comunidade. Elas são um meio crucial para disseminar notícias, anúncios, opiniões e análises de mercado.

Influenciadores E Especialistas Em Criptomoedas

No universo das criptomoedas, os influenciadores e especialistas desempenham um papel importante na formação de opiniões e direcionamento da comunidade. Esses indivíduos têm uma voz influente e podem atrair seguidores e investidores com base em sua experiência, conhecimento e perspicácia no mercado de criptomoedas. No entanto, é importante exercer discernimento ao seguir e confiar em influenciadores, pois nem todos têm motivações alinhadas com o bem-estar da comunidade.

Desafios E Riscos Nas Redes Sociais

Embora as redes sociais sejam uma ferramenta poderosa para o compartilhamento de informações e o engajamento da comunidade, também apresentam desafios e riscos. A disseminação de informações falsas, manipulação de mercado, golpes e ataques coordenados podem ocorrer no ambiente online. É fundamental que os membros da comunidade sejam cautelosos e verifiquem as fontes de informações antes de tomar decisões de investimento.

Fomo E Fud: Emoções E Psicologia Nas Redes Sociais

As redes sociais têm um impacto significativo nas emoções e comportamentos dos investidores de criptomoedas. O medo de perder (Fear of Missing Out - FOMO) e o medo, incerteza e dúvida (Fear, Uncertainty, and Doubt - FUD) são fenômenos comuns observados nas comunidades de criptomoedas. Essas emoções podem influenciar a tomada de decisões de investimento e levar a movimentos de preço irracional. É importante estar ciente dessas dinâmicas e tomar decisões informadas, em vez de ser impulsionado puramente por influências emocionais.

Construindo E Mantendo Uma Comunidade Saudável

A construção e manutenção de uma comunidade saudável é essencial para o sucesso de uma criptomoeda. Isso envolve incentivar uma cultura de respeito, transparência, colaboração e educação dentro da comunidade. Projetos bem-sucedidos são capazes de envolver e nutrir uma comunidade ativa, oferecendo suporte, respondendo a perguntas, fornecendo atualizações regulares e buscando o feedback dos usuários.

Governança E Tomada De Decisões Comunitárias

A governança descentralizada é uma das características distintivas das criptomoedas. Através de mecanismos de governança, a comunidade tem a capacidade de influenciar e tomar decisões importantes relacionadas ao desenvolvimento da criptomoeda. Esses mecanismos podem incluir votações, propostas de melhoria e discussões abertas. A governança comunitária é um desafio complexo, mas essencial para garantir a legitimidade e a continuidade das criptomoedas.

O Papel Das Comunidades Na Adoção Em Massa

As comunidades desempenham um papel crítico na adoção em massa das criptomoedas. Ao educar, promover e demonstrar os benefícios e casos de uso das criptomoedas, as comunidades podem atrair novos usuários e promover a aceitação generalizada. Campanhas de conscientização, eventos, parcerias e programas de recompensas são algumas das estratégias que as comunidades podem adotar para impulsionar a adoção em massa.

AVALIANDO ICOS (OFERTAS INICIAIS DE MOEDAS) E PROJETOS DE CRIPTOMOEDAS

As ICOs (Ofertas Iniciais de Moedas) se tornaram uma forma popular de arrecadação de fundos para projetos de criptomoedas. Neste capítulo, exploraremos os aspectos mais complexos relacionados à avaliação de ICOs e projetos de criptomoedas. Vamos mergulhar fundo nesse assunto e discutir os pontos cruciais que os investidores devem considerar ao avaliar essas oportunidades de investimento.

Compreendendo as ICOs: Para começar, é importante entender o que são as ICOs e como funcionam. Uma ICO é um processo em que uma nova criptomoeda é lançada e os investidores podem adquirir seus tokens em troca de outras criptomoedas, como Bitcoin ou Ethereum, ou até mesmo com moedas fiduciárias. As ICOs podem oferecer aos investidores a oportunidade de obter tokens antes do lançamento oficial da criptomoeda, o que pode levar a ganhos significativos se o projeto for bem-sucedido.

Análise do Whitepaper: O whitepaper é um documento essencial que descreve os detalhes técnicos, a visão e a estratégia do projeto de criptomoeda. Ao avaliar uma ICO, é fundamental analisar minuciosamente o whitepaper para compreender a proposta de valor, a tecnologia subjacente, a equipe por trás do projeto e o plano de desenvolvimento. Verifique se o whitepaper é claro, consistente e apresenta soluções inovadoras para problemas existentes.

Equipe e Experiência: A equipe por trás de uma ICO desempenha um papel crucial em seu sucesso. Analise a experiência, as credenciais e as realizações da equipe, especialmente em projetos anteriores relacionados à criptomoeda ou à tecnologia blockchain. Uma equipe competente e experiente aumenta a probabilidade de sucesso do projeto.

Relevância e Inovação: Avalie se a proposta do projeto é relevante e inovadora no contexto do mercado de criptomoedas. Verifique se o projeto resolve um problema real ou oferece uma solução melhor para um problema existente. A originalidade e a inovação são fatores-chave para determinar o potencial de longo prazo de uma ICO.

Tecnologia e Segurança: A tecnologia subjacente ao projeto de criptomoeda deve ser sólida e segura. Analise os aspectos técnicos, como o protocolo utilizado, a escalabilidade da rede, a segurança cibernética e a proteção contra ataques. Verifique se a tecnologia tem o potencial de ser adotada em larga escala e se oferece vantagens em relação a outras soluções existentes.

Comunidade e Suporte: A comunidade que apoia o projeto é outro aspecto a ser considerado. Verifique se há um envolvimento ativo e uma base sólida de usuários e investidores. Uma comunidade engajada e entusiasta pode ajudar a impulsionar a adoção da criptomoeda e aumentar seu valor ao longo do tempo.

Análise do Mercado e Competição: É essencial analisar o mercado em que a ICO e o projeto de criptomoeda estão inseridos. Verifique a concorrência existente, as tendências de mercado, a regulamentação e outros fatores que possam impactar o sucesso do projeto. Considere também a demanda potencial pelo token da ICO e sua utilidade dentro do ecossistema proposto.

Auditoria e Transparência: Verifique se a ICO passou por auditoria por parte de uma empresa respeitável de segurança cibernética. A transparência nas operações e nas informações financeiras é um indicador importante da confiabilidade do projeto.

Riscos e Potencial de Retorno: Ao avaliar uma ICO, é essencial considerar os riscos envolvidos. As ICOs são investimentos de alto risco e o potencial de retorno é muitas vezes incerto. Analise cuidadosamente os riscos associados ao projeto, à tecnologia, à equipe e ao mercado antes de decidir investir.

Timing e Participação: Por fim, considere o timing do investimento e a participação na ICO. Verifique se há um limite máximo de captação de recursos e se a participação na ICO é restrita a investidores qualificados ou aberta a todos. Considere também o período de bloqueio dos tokens e as restrições de negociação após o lançamento.

Avaliar ICOs e projetos de criptomoedas é um processo complexo e requer uma análise aprofundada de vários aspectos. Esteja preparado para dedicar tempo e esforço para investigar e compreender todos os elementos cruciais antes de tomar uma decisão de investimento.

ANÁLISE DE TOKENS E ALTCOINS EM CRIPTOMOEDAS

No mundo das criptomoedas, além das moedas digitais mais conhecidas, como Bitcoin e Ethereum, existem inúmeras outras criptomoedas, conhecidas como tokens e altcoins. Essas criptomoedas alternativas desempenham um papel importante no ecossistema cripto e podem apresentar oportunidades de investimento únicas. Neste capítulo, iremos explorar a análise de tokens e altcoins em criptomoedas, aprofundando-se nos aspectos mais complexos desse assunto.

Tipos De Tokens E Altcoins

Existem diferentes tipos de tokens e altcoins, cada um com características e finalidades específicas. Alguns exemplos comuns incluem:

Tokens de Utilidade: Esses tokens são projetados para serem usados dentro de uma plataforma ou ecossistema específico. Eles podem conceder acesso a serviços, produtos ou recursos dentro desse sistema.

Tokens de Segurança: Esses tokens são considerados valores mobiliários e estão sujeitos às regulamentações financeiras. Eles representam uma participação em uma empresa ou projeto e podem oferecer direitos de voto ou participação nos lucros.

Altcoins: O termo "altcoin" é usado para se referir a todas as criptomoedas alternativas além do Bitcoin. Isso inclui criptomoedas como Ethereum, Ripple, Litecoin, entre outras.

É essencial entender a finalidade e o propósito de cada tipo de token ou altcoin ao realizar sua análise. Isso ajudará a determinar se a criptomoeda em questão atende às suas necessidades e objetivos de investimento.

Análise Fundamentalista De Tokens E Altcoins

A análise fundamentalista é uma abordagem amplamente utilizada para avaliar o potencial de valorização de um ativo, incluindo tokens e altcoins. Alguns aspectos-chave a serem considerados ao realizar uma análise fundamentalista incluem:

Propósito e Utilidade: Compreender o objetivo e a utilidade da criptomoeda é fundamental. Avalie se a criptomoeda resolve um problema real ou atende a uma necessidade específica no mercado. Considere se ela possui uma base de usuários ativa e se há demanda por seu uso.

Equipe de Desenvolvimento: Avalie a competência e a experiência da equipe por trás do projeto da criptomoeda. Pesquise o histórico dos membros da equipe, sua participação em projetos anteriores e sua capacidade de entregar resultados consistentes.

Parcerias Estratégicas: Verifique se a criptomoeda estabeleceu parcerias com outras empresas, instituições financeiras ou organizações relevantes. Parcerias sólidas podem ajudar a impulsionar a adoção e o crescimento da criptomoeda.

Atualizações e Desenvolvimento Contínuo: Analise a frequência e a qualidade das atualizações e melhorias implementadas na criptomoeda. Uma equipe ativa e comprometida com o desenvolvimento contínuo é um indicador positivo.

Comunidade e Adoção: A participação ativa da comunidade é importante para o sucesso de uma criptomoeda. Verifique se há uma comunidade engajada em torno da criptomoeda, bem como sua adoção por parte de empresas e usuários.

Análise de Competidores: Considere a concorrência dentro do mercado de criptomoedas. Avalie outros projetos semelhantes e compare suas características, equipe e aceitação no mercado. Isso ajudará a determinar o diferencial da criptomoeda em análise.

Análise Técnica De Tokens E Altcoins

A análise técnica é outra abordagem amplamente utilizada para analisar tokens e altcoins. Essa abordagem envolve o estudo de gráficos e padrões de preços históricos para identificar tendências e padrões que podem ajudar a prever movimentos futuros do mercado. Alguns conceitos-chave da análise técnica incluem:

Gráficos de Preços: Os gráficos de preços são uma representação visual da atividade do mercado. Eles podem mostrar o histórico de preços de uma criptomoeda ao longo do tempo e ajudar a identificar tendências e padrões.

Indicadores Técnicos: Existem vários indicadores técnicos

disponíveis, como médias móveis, Bandas de Bollinger, Índice de Força Relativa (RSI) e MACD. Esses indicadores ajudam a identificar sinais de compra ou venda com base em fórmulas matemáticas aplicadas aos dados de preços.

Padrões de Candlestick: Os padrões de candlestick são formações específicas no gráfico de preços que indicam reversões ou continuação de tendências. Alguns exemplos comuns incluem o martelo, a estrela cadente, o engolfo de alta/baixa, entre outros.

Níveis de Suporte e Resistência: Os níveis de suporte e resistência são áreas no gráfico de preços onde o preço tende a encontrar suporte (não cair abaixo) ou resistência (não ultrapassar). Esses níveis podem ser identificados com base em pontos anteriores de reversão ou consolidação.

É importante ressaltar que a análise técnica não oferece garantias absolutas, mas pode fornecer insights sobre possíveis tendências e pontos de entrada/saída no mercado.

Avaliação De Riscos E Considerações De Mercado

Ao analisar tokens e altcoins, é crucial considerar os riscos associados a esses investimentos. Alguns dos riscos comuns incluem:

Risco de Mercado: As criptomoedas são altamente voláteis e estão sujeitas a flutuações significativas de preços. Compreender a natureza volátil do mercado de criptomoedas é essencial ao analisar tokens e altcoins.

Risco Tecnológico: As criptomoedas são baseadas em tecnologia e estão sujeitas a riscos técnicos, como vulnerabilidades de segurança, bugs e problemas de escalabilidade. Analise a robustez da tecnologia por trás da criptomoeda e a capacidade da equipe de lidar com esses riscos.

Risco Regulatório: O cenário regulatório em torno das criptomoedas está em constante evolução. Avalie os riscos regulatórios associados à criptomoeda em questão e mantenha-se atualizado com as mudanças nas leis e regulamentações.

Risco de Liquidez: Algumas criptomoedas podem ter menor liquidez em comparação com as mais estabelecidas, o que pode dificultar a compra ou venda desses ativos. Considere a liquidez da criptomoeda ao realizar sua análise.

Risco de Projeto: Alguns projetos de criptomoedas podem falhar devido a má gestão, falta de adoção ou outros fatores. Analise cuidadosamente o histórico e o plano de negócios do projeto antes de tomar uma decisão de investimento.

O FUTURO DAS CRIPTOMOEDAS E TENDÊNCIAS EMERGENTES

As criptomoedas têm evoluído rapidamente desde a criação do Bitcoin em 2009. O impacto e a adoção crescente das criptomoedas têm despertado interesse e especulações sobre seu futuro. Neste capítulo, exploraremos as tendências emergentes e os desafios que moldarão o futuro das criptomoedas. Discutiremos temas complexos e de vanguarda que estão moldando a indústria, como escalabilidade, interoperabilidade, privacidade, regulamentação, criptomoedas centralizadas versus descentralizadas e o papel das stablecoins.

Escalabilidade E Desempenho

Uma das questões mais prementes que as criptomoedas enfrentam é a escalabilidade. À medida que a adoção das criptomoedas aumenta, as redes enfrentam desafios em relação à velocidade de transação e capacidade de processamento. Soluções como as redes de segunda camada, como a Lightning Network do Bitcoin, e outras alternativas de escalabilidade estão sendo desenvolvidas para melhorar o desempenho das redes. Além disso, a pesquisa e o desenvolvimento de novos algoritmos de consenso e tecnologias de armazenamento distribuído estão em andamento para enfrentar esses desafios.

Interoperabilidade E Integração De Blockchain

A interoperabilidade é outro aspecto crucial para o futuro das criptomoedas. Atualmente, as criptomoedas operam em silos separados, dificultando a transferência de valor e informações entre diferentes redes. Soluções de interoperabilidade, como protocolos de comunicação entre blockchains, estão sendo desenvolvidas para permitir a transferência de ativos digitais entre diferentes plataformas de forma segura e eficiente. Essa integração de blockchain facilitará a criação de ecossistemas mais abrangentes e conectados.

Privacidade E Confidencialidade

A privacidade é um tema crucial na indústria de criptomoedas. Embora a tecnologia blockchain seja conhecida por sua transparência, muitos usuários estão preocupados com a exposição de suas informações pessoais e transações financeiras. Soluções como as criptomoedas com foco em privacidade, como Monero e Zcash, estão ganhando popularidade. Além disso, técnicas avançadas de criptografia, como as provas de conhecimento-zero, estão sendo exploradas para melhorar a privacidade das transações e dados na blockchain.

Regulamentação E Legislação

A regulamentação das criptomoedas é um tópico em constante evolução e desempenhará um papel significativo em seu futuro. Os governos e as autoridades reguladoras estão buscando abordar questões como a prevenção de lavagem de dinheiro, combate ao financiamento do terrorismo e proteção dos investidores. O equilíbrio entre a inovação e a segurança é um desafio complexo que os legisladores enfrentam ao desenvolver marcos regulatórios para as criptomoedas. A evolução da regulamentação terá um impacto significativo na adoção e na confiança nas criptomoedas.

Criptomoedas Centralizadas Versus Descentralizadas

A dicotomia entre criptomoedas centralizadas e descentralizadas continua sendo um tópico de debate na comunidade cripto. Enquanto algumas criptomoedas são projetadas com um modelo descentralizado, onde a governança e as decisões são tomadas pela comunidade, outras criptomoedas são controladas por uma entidade central ou uma organização. Essa distinção levanta questões sobre segurança, confiança, responsabilidade e resistência à censura. O futuro das criptomoedas pode ver uma coexistência de ambos os modelos, cada um servindo a diferentes casos de uso e necessidades.

O Papel Das Stablecoins

As stablecoins, criptomoedas cujo valor é ancorado a um ativo ou moeda fiduciária, têm ganhado destaque na indústria. Essas moedas oferecem estabilidade de preço e são usadas como meio de troca e reserva de valor. As stablecoins podem desempenhar um papel importante no futuro das criptomoedas, especialmente na adoção em larga escala e na integração com sistemas financeiros tradicionais. No entanto, desafios regulatórios, transparência na garantia de reservas e riscos sistêmicos precisam ser abordados para garantir a confiança e a sustentabilidade dessas criptomoedas.

CONSIDERAÇÕES FINAIS E DICAS PARA INVESTIR EM CRIPTOMOEDAS

À medida que chegamos ao final deste guia prático sobre análise fundamentalista de criptomoedas, é importante recapitular os principais pontos discutidos ao longo do livro e fornecer algumas dicas valiosas para investir de forma informada e segura nesse mercado em constante evolução. Neste capítulo final, abordaremos considerações finais e compartilharemos estratégias e práticas recomendadas para investir em criptomoedas.

Pesquisa e Educação: A pesquisa é fundamental ao investir em criptomoedas. Esteja disposto a dedicar tempo para aprender sobre diferentes projetos, tecnologias subjacentes, notícias do setor e desenvolvimentos recentes. Mantenha-se atualizado com as tendências e as mudanças no mercado. A educação contínua é crucial para tomar decisões informadas.

Diversificação: A diversificação é uma estratégia de mitigação de riscos essencial para qualquer investidor. Distribua seu capital entre diferentes criptomoedas e setores relacionados. Isso reduzirá a exposição a riscos específicos de uma única criptomoeda e permitirá que você se beneficie de diferentes oportunidades de crescimento.

Gestão de Riscos: A gestão de riscos é fundamental ao investir em criptomoedas. Estabeleça limites de perda e lucro, defina metas realistas e esteja preparado para lidar com a volatilidade do mercado. Use ferramentas de gerenciamento de riscos, como stop-loss, para proteger seus investimentos e garantir uma abordagem disciplinada ao investir.

Segurança e Armazenamento: A segurança é uma consideração crítica ao lidar com criptomoedas. Mantenha suas criptomoedas em carteiras seguras, preferencialmente carteiras de hardware, que oferecem proteção adicional contra ataques cibernéticos. Use autenticação de dois fatores e mantenha suas chaves privadas offline e seguras.

Compreensão das Métricas: Aprenda a analisar e interpretar as métricas relevantes ao avaliar uma criptomoeda. Isso inclui métricas como capitalização de mercado, volume de negociação, fornecimento circulante, taxa de hash (no caso de criptomoedas baseadas em mineração) e outros indicadores financeiros e técnicos. Compreender essas métricas ajudará você a tomar decisões informadas.

Acompanhamento do Desenvolvimento do Projeto: Mantenha-se atualizado com os desenvolvimentos do projeto de uma criptomoeda. Siga as redes sociais, participe de fóruns e leia atualizações oficiais. Isso permitirá que você avalie o progresso do projeto, bem como sua adoção e crescimento potencial.

Avaliação das Notícias e Fontes de Informação: Ao analisar as notícias e as fontes de informação sobre criptomoedas, seja criterioso e verifique a credibilidade das fontes. Evite decisões baseadas em rumores ou informações não verificadas. Busque fontes confiáveis e imparciais para obter uma perspectiva mais precisa do mercado.

Aprenda com a Experiência: O investimento em criptomoedas é um processo contínuo de aprendizado e adaptação. Esteja aberto a aprender com suas experiências anteriores, tanto os sucessos quanto os fracassos. Analise seus investimentos e identifique padrões ou erros recorrentes. A experiência é um professor valioso.

Esteja Preparado para a Volatilidade: As criptomoedas são conhecidas por sua volatilidade. Esteja preparado para as flutuações de preço e não tome decisões impulsivas com base em movimentos de curto prazo. Tenha uma perspectiva de longo prazo e avalie o potencial de uma criptomoeda com base em sua proposta de valor e fundamentos sólidos.

Consulte um Profissional Financeiro: Se você não se sentir confiante em tomar decisões de investimento por conta própria, considere consultar um profissional financeiro experiente. Eles podem fornecer orientações personalizadas com base em suas circunstâncias individuais e ajudá-lo a tomar decisões informadas.

◆ ◆ ◆

Lembre-se de que investir em criptomoedas envolve riscos. Nunca invista mais do que você está disposto a perder e esteja preparado para a possibilidade de perdas financeiras. O mercado de criptomoedas é altamente volátil e sujeito a mudanças rápidas. Seja paciente, persistente e disciplinado em sua abordagem de investimento.

Ao concluir este guia, espero que você tenha adquirido conhecimentos valiosos sobre análise fundamentalista de criptomoedas. Lembre-se de continuar pesquisando, aprender e se adaptar às mudanças no mercado. Desejo-lhe sucesso em sua jornada como investidor de criptomoedas e que você aproveite as oportunidades oferecidas por esse setor em constante crescimento.

Invista com sabedoria e boa sorte!